全新修订版

记忆错觉

［英］茱莉亚·肖 (DR. JULIA SHAW) 著

李辛 译

北京理工大学出版社
BEIJING INSTITUTE OF TECHNOLOGY PRESS

记忆本身就是一种创作的过程，每段记忆在被重复回忆起时，都会被微妙地改造。最安全的记忆、从未被污染过的记忆，只存在于那些罹患了遗忘症的病人的头脑中。

大师记忆说

在所有心灵表现中，最有启发性的是个体的记忆。记忆是人的随身之物，提醒自己的种种限制以及各种事件的意义。

记忆绝不会与生活方式背道而驰。一旦他的生活方式发生变化，他的记忆也会改变，他会记住不同的事情，或是对他的记忆做出不同的解释。

在所有记忆中，最能说明问题的是个人如何开始讲述自己的故事，以及他所回忆起来的最早的事情。最初记忆能体现一个人最基本的人生观，这是其人生态度的雏形。

——阿尔弗雷德·阿德勒（Alfred Adler）

所谓的童年期回忆并不真是记忆的痕迹，而是后来润饰过了的产品，这种润饰承受多种日后发展的心智力量的影响。

众所周知，成年人在追忆时所利用的心理素材各不相同。有的人通过视觉形象而引起，他们的记忆以视象为特征；其他的人在记忆里却丝毫不能忆起曾经经历过的视象轮廓来。

——西格蒙德·弗洛伊德（Sigmund Freud）

我们记忆力既是脆弱的，又是强大的，他是我们回顾往事，理解现在，并憧憬未来的综合产物。

只有当作为情节记忆和语义记忆之基础的大脑系统功能正常时，我们才能辨认出世界中的不同物体，才能在时间过程中旅行，才能构建出我们的人生故事。当这些遭到破坏时，我们拥有的只是各种记忆的碎片，却不能将碎片连接成我们往事经历的完整故事，这样就会使我们日常生活失去意义。

老年人的回忆是有价值的，对人生的回顾，可以被看为是一个与人生达成某种协议的、以记忆为基础的一个过程，能帮助老年人理解并整合他的自我，甚至能为死亡做好心理准备。善于回顾人生的老年人，会比很少进行回忆的老年人更少表现出抑郁症，并能够表现出更多的标志心理健康的标志。

——丹尼尔·夏克特（Daniel L. Schacter）

即使人们对记忆主体绝对自信，但在有生动暗示的情况下，记忆会按照精神分析师对病人强烈的指示，进行塑造或修改。而一旦记忆以这样的方式被改造，再想改变将会十分困难。

——乌尔里克·奈瑟尔（Ulric Neisser）

随着时间的流逝，我们可能会被别人描述的记忆所说服，误把别人的记忆当成自己的记忆。如果实验条件设置正确，想要给别人一些他们从没经历过的事件的记忆会是一件相当简单的事情。在记忆的王国里，回忆的生动并不代表事情真的发生过。

——查尔斯·费尼霍（Charles Fernyhough）

灵魂黑客可以篡改你的记忆，甚至让你身陷囹圄？

有人说记忆是幸福的源泉，也有人说一切痛苦皆来源于记忆，但不管结论如何，我们都是记忆的产物。在文学作品中，伤心欲绝的主人公通常会服用忘情水以摆脱痛苦的记忆，而剥夺记忆更是诸多反派人物祸害主人公的经典手法。然而，在现实生活中，真的有人能够篡改他人的记忆吗？答案是肯定的，本文的主人公茱莉亚·肖（Julia Shaw）就是其中一员。

茱莉亚是一名犯罪心理学家，她更喜欢将自己称作"记忆黑客"。在新作《记忆错觉》（*The Memory Illusion*）中，茱莉亚展示了在他人的大脑中植入虚假记忆的技巧。通过一些心理学技巧，茱莉亚可以让他人对于从未经历过的事情产生错误的记忆。在茱莉亚眼中，虚假记忆的植入其实并非难事。

在一次采访中，茱莉亚解释道：

"记忆离不开由脑细胞组成的网络，这个网络涵盖了人脑中的不同区域，还会不断进行更新。记忆功能在人们学习新事物和解决问题等活动中扮演着非常重要的角色，但它还是难逃被操控的命运。每当你在叙述一个故事的时候，你的记忆都会发生改变，你也许会发掘到一些全新的细节，吸收从别人口中听来的趣闻逸事，又或者会臆想出一些不太准确，甚至带有误导性的关系。"

她还举了一个非常直观的例子：所有关于两岁半以前的记忆都是虚假的记忆，因为在两岁半以前我们的大脑尚未发育完全，根本不具备储存记忆的条件。正是因为这个原因，人们才会说"婴儿都是健忘的"。

"我们关于两岁半以前的记忆通常来自照片以及父母口中的故事。"茱莉亚表示，"我们很容易接受并内化这些虚假的记忆。"

我们的记忆到底有多可靠

遗忘已经成为日常生活中见怪不怪的现象，我们很容易忘记陌生人的名字、电话号码以及背景信息，平淡无奇的事物也很难在我们的脑海中留下深刻的印象，我们的记忆似乎是为了不平凡的事物而生。

面对日常琐事，我们对自己的记忆显然没有多大信心。然而一旦遇上能够泛起波澜的生活大事件，我们的记忆似乎能永葆鲜活，即便是在日常生活中丢三落四的人也可以巨细无遗地叙述自己所经历过的惊心动魄的往事。可是我们的记忆真的这么可靠吗？

茱莉亚认为，所有的记忆都有可能会出现偏差，即便是那些尤其值得珍视的记忆也是如此。茱莉亚曾经对"9·11恐怖袭击""伦敦7·7爆炸"以及"肯尼迪遇刺"等大事件经历者的记忆准确度进行过多次实验，最终发现，许多经历者针对这些重大事件的回忆都与事实存在严重偏差，这种偏差显然已经超出了遗漏的范畴。

茱莉亚表示，即便是在大事件发生后马上让经历者回忆事件的经过，他们的叙述和事实之间依然会存在一些严重偏差。倘若在20年后再度问起，经历者的记忆偏差会更为严重，但他们对自己的记忆仍然信心十足。

由此可见，我们的记忆似乎不如想象中可靠。但更可怕的是，我们的记忆还可能会遭受"劫持"。

灵魂黑客可以篡改我们的记忆

所谓"记忆劫持"，指的是人们被植入虚假记忆，进而误认为自己曾经参与或者经历过某起事件。这类事件在20世纪80年代和90年代的心理治疗领域尤为常见。

在当时，心理治疗师还没有完全理解记忆的灵活程度，他们通常会对患者的经历展开假设，并通过一些诱导性问题让患者发起想象。经过多次的重复和强化后，治疗师很容易将虚假的记忆植入患者的脑海，并误以为自己成功找到了困扰着患者的病因。

记忆的植入和篡改行为正是茱莉亚的研究重心，她认为这类研究的意义非常重大，毕竟虚假的记忆有可能让人身陷牢狱之灾。此外，由于对记忆下黑手的罪犯往往不会留下任何实质性证据，当前的法律很难为受害者提供保障。

在一次实验中，茱莉亚成功在志愿者的大脑中植入了虚假的犯罪记忆。在实验开始后，茱莉亚会告知志愿者自己已经通过内部消息了解到他们的犯罪经历。打个比方，茱莉亚会向志愿者透露："你的父母告诉我，你在14岁那年曾经因为盗窃而惊动过警方。"她还会向志愿者展示一些细节，以便让事情听起来更加可信。

在志愿者做出否定的时候，茱莉亚会驳斥他们的否认口供，并鼓励他们正视自己的错误。在后续的实验中，茱莉亚会向志愿者提供更多的细节，包括他们的年龄、家乡、童年好友的姓名等等。这个过程可以让志愿者一遍又一遍地想象罪案的发生，进而陷入自我催眠之中。在数周之后，志愿者会慢慢混淆想象和记忆，记忆的植入即将大功告成。

"诀窍在于让人们混淆自己的想象和记忆，你需要不断地让他们想象事件的发生过程。"茉莉亚说道。只要使用得当，听起来荒诞不经的事件也可能被植入到人们的记忆之中，譬如遭受外星人绑架的经历。

在未来，随着光遗传学技术（Optogenetics）的发展，人们甚至有可能舍弃掉一些让自己痛苦万分的记忆。

我们可以抵御虚假记忆的植入吗

事实在某种程度上只是我们的感知，是一种个人体验，每个人对事实的理解都存在一定的差异，记忆则在其中扮演着非常重要的角色。从本质上讲，记忆和事实总是存在着差异，只是程度有所不同。即便如此，我们还是应该尽可能避免成为虚假记忆的受害者。

尽管虚假记忆并非基于事实，但由于其细节性和真实性往往都很强，我们很难进行区分。以下几个原则或许可以为我们带来一些启发：

1. 记忆的可靠性总是值得怀疑的，因此不要盲目相信别人的回忆。不论他所说的故事蕴含多少显而易见的证据和热情，都不足以证明他所说的就是事实。你需要通过独立的证据去佐证自身记忆的真实性，而不仅仅是别人的供词。

2. 当你对他人的描述心存怀疑的时候，你可以询问一些和细节相关的问题，例如："他的头发染的是什么颜色？"

当然，你还可以通过一些具备诱导性的问题进行试探，例如："我记得他当时染的是金毛，对吧？"

针对细节的发问可以打乱对方的节奏，你很可能会从中捕捉到一些漏洞。因此，在你对他人的描述心存疑虑的时候，不妨大胆发问："你可以多告诉我一些具体情况吗？"

3. 重复的灌输和强化是记忆植入的关键，如果你发现身边有人总是不断给你灌输重复的故事或者事件，你就应该打起十二分精神了。

阮嘉俊（Tech2IPO科技作者）

诺贝尔奖获得者在领奖时，推特（Twitter）上会同步发布一段推文，解释颁发该奖项的目的所在。听说此事之后，我花了相当长的时间反反复复地看这些不过短短140字的推文，它们描述着奖项获得者对世界有着多么深远的影响。

我最喜欢的推文之一，写的是1995年诺贝尔文学奖获得者谢默斯·希尼（Seamus Heaney）的获奖原因："（他）创造出了既有抒情之美又有道德深度，既升华了日常生活又赞颂了鲜活历史的伟大作品。"多么言近旨远的描述！美、道德、历史，寥寥数语浓缩了深深的赞叹之情。每次看到这句话，我嘴角都会泛起微笑。

我把这些推文写在小白板上，然后放在书桌上作为灵感来源。我做讲座会用到这些话，写作的时候也会把它们编排进去。这些话代表了一种理念，那就是人文学科再重大的成果也可以言简意赅地解释清楚。这也是许多伟大的历史学家深表认同的。为了让我们的工作有意义，我们必须能用简单的话来解释清楚我们所做的工作。

我的处世哲学是：不做过多的解释。当然这样做有时候会使得解释不够充分。换言之，当我在讨论中使用类比、故事来解释概念，或者将概念简化时，就不能展示出复杂问题内在的细微差别。"记忆"与"身份"这两个问题都复杂得超乎想象，而单在这一本书中，我只能寄希望于触及这两个学科交叉研究领域的表面。尽管我不能保证呈现研究的全貌，但我希望我能激发大家开始思考一个问题，一个自从我们有了自省意识就纠缠不休的、最根本的问题。

像大家一样，我也是在小时候便开始了对自我的反省。小时候，我晚上常常沉浸在思考中，几个小时都睡不着觉。睡在上铺的我会把腿伸直了瞪着天花板思考人生："我"是谁？"我"又是什么？"现实"是什么？虽然回答不出来，但这是我走上心理学道路的开始。那些问题，都是"人生而为人"的核心问题。我还小，不知道原来与我有相同疑问的人还有很多很多。

现在我已经不睡双层床的上铺，那些问题却还留在我的脑海中。于是我做起了研究，而不是再跟天花板探讨哲学问题；跟周围的科学家、学生以及其他与我同好的人讨论"我是谁"，而不是去问会唱歌的玩具熊。现在，让我们从"自我"的源头来开始这段记忆世界的探险，也就是问自己：究竟是什么使你成了"你"？

"你"是谁

性别、民族、年龄、职业——这些是我们在定义自己的时候经常想到的，另外还有成长道路上的成就，比如毕业、买房、结婚、生育、退休。我们也会想到自己的性格特点——乐观或悲观、幽默或严肃、自私或无私。最重要的是，我们经常跟别人作比较，实时监控着那些在脸谱（Facebook）、领英（Linkedin）上的好友动态，想着我们和他们之间的差距有多大。尽管以上这些因素都可以拿来定义你是谁，但真正使你成为"你"的，是你的个人记忆。

记忆可以使我们理解我们的人生轨迹。只有在记忆中，我才能重现大学时与柏利·贝耶斯汀（Barry Beyerstein）教授畅谈的场景。他是对我最有启发的教授，不但教会了我批判思考，还常把撒着罂粟籽的柠檬面包分给我吃。我也会想起下课后与史蒂芬·哈特（Stephen Hart）教授的交谈，他是我人生中第一位鼓励我读研究生的人。还会回想起几年前我母亲遭遇的那场严重车祸，这件事使我明白了向所爱的人及时表达情感的重要性。这些类似里程碑的事件对我们都有着极其重要的意义，因为它们能帮助我们理清自己的人生剧本，概括来说，就是理清形成自我身份认同的基石：记忆。这样我们就知道自己究竟经历过什么，也相信自己未来能做些什么。因此，一旦问到有关"记忆"的问题，就不可避免地要问：我们之所以是"我们"的前提是什么？

试想一下：假如一天早晨你醒来，发现完全不记得自己做过什么、想过什么、学过什么，那么这个人还是"你"吗？这时，我们可能会下意识地恐慌起来，因为如果记忆没有了，我们的一切就都没有了，只剩下"之前的我们"的躯壳。失去了记忆，我们还剩下什么呢？就像恐怖科幻电影的开场："他们醒来后发现，没人知道自己是谁。"不过换个角度想想，如果真这样，我们也许可以松一口气，过往对我们的束缚没有了，完整的心智和人格还在，我们就可以把人生重新来过。抑或是，我们在这两种想法之间艰难抉择，踌躇不前。

这种失忆太戏剧化了，现实生活中基本上不会发生。但记忆的确会出现大量的偏差、失真、修改，我将在这本书中进一步揭示其中一些问题，并在科学的指导下引领大家带着好奇心，不断地探寻那些造成记忆误差的原因。当然，我也会时不时地引用一些我自己这方面的经历。那么，怎样才能真正开始讨论这一复杂现象呢？先来看记忆研究中的这两个关键词吧。

语义记忆（Semantic Memory），也叫"遗传记忆"（Genetic

Memory），指的是针对意义、概念、事实的记忆。人们往往擅长记住某些特定类型的语义信息。比如，一个牢记历史事件发生时间的人，可能发现记住别人的名字非常困难；有人可能正好相反——记得住名字，记不住历史事件的发生时间。这两种情况都属于语义记忆，但是语义记忆在不同人身上的具体表现形式是千差万别的。

与语义记忆共存的是情景记忆（Episodic Memory），或者叫"自传式记忆"（Auto-biographical Memory）。当你回忆大学开学的第一天、第一个吻，或者是你2013年去坎昆的旅行时，你就在调用你的情景记忆，即对过往经历的集合。这就像是我们的个人记忆剪贴簿、思维日记，或者就像是内置的脸谱时间轴（Facebook Timeline）。情景记忆是对过去某个时间、地点发生的事件的记忆机制。调动这种记忆的时候，就像是身临其境地把过去的经历再体验一次，再次感觉到脚趾埋在沙子里，阳光晒在身上，微风拂过头发。我们能在脑海中描绘出那个地方，那时的音乐和那时的人们，这些都是我们珍藏的回忆。正是这些记忆定义了我们是谁，而不是那些我们知道的客观世界的事实。

然而，我们对情景记忆如此依赖，却也对它有最多的误解。如果能对情景记忆的运作方式有更多的了解，我们就能知道我们所感知到的"现实"有多荒诞。

有影响力的"黏土"

当开始质疑自己和他人的记忆的时候，我们不难发现，对于一些重要事件的细节我们常跟亲朋好友意见相左。即便是珍贵的童年回忆，也会像一个黏土球一样一次又一次地被重塑。记忆误差同样会出现在那些阿尔茨海默症患者、脑损伤患者以及其他损伤患者身上，这是十分普遍的，并不是谁身上的特例。在后面的部分，我们会深入探讨现实与记忆之间的潜在冲突。

类似的错误记忆——那些感觉真实但现实中并未发生的"记忆"——人人都会经历。尽管是臆想出来的，错误记忆对我们产生的影响却是实实在在的，而且会影响到我们生活的方方面面，比如使我们产生真实的愉悦感、真实的沮丧感，甚至真实的心理创伤。因此，理解错误记忆的形成原理能够帮助我们建立起一种自觉意识：怎样才能鉴别记忆中的信息是否真实，怎样合理利用这些或真或假的信息来定义我们是谁。

在多年的研究中，我逐渐发现，我们看待世界的方式非常不完美，这使得我对那些从事科学合作研究的集团公司产生了深深的敬意。有了他们，我们才能不被局限的感官所蒙蔽，从而真正了解记忆是如何产生作用的。然而，尽管我在记忆研究这片海洋上已经航行了十几年，我还是必须承认有一个问题始终悬而未决：到底有没有一段记忆是完全准确的？"记忆是精神对现实事件基本准确的反映"，能够证明这个想法的确凿证据仍然没有被找到。任何事件，无论它看似有多么重要，其中的情绪多么饱满，能造成多么严重的创伤，都可能被遗忘、被错误地记忆，甚至被完全臆想出来。

我现在致力于研究记忆误差形成的原理，主要关注的是怎样可以塑造自己的和别人的记忆，怎样可以篡改真实的经历，然后制造一个臆想出来的"经历"。我的研究与其他记忆研究者有所区别，因为我收集的记忆类型有所不同。深知记忆形成原理的我，仅仅在几次研究采访中就严重扭曲了参与者的记忆——我让没有做过坏事的人相信自己犯过罪，让没受过外伤的人认为自己曾遭受过严重身体损伤，让一个从没被狗咬过的人觉得自己曾被狗攻击过。这听上去可能有点不可思议，但其实就是把记忆简单且有计划地应用了一下而已。这样做你也许觉得有点狡诈，可我不过是想知道严重的记忆扭曲是如何形成的。明白这个原理在处理刑事案件中极其重要，因为目击者、受害者和嫌疑犯的记忆是我们破案和审判案件所依赖的重要依据之一。通过在实验室中人为制造出复杂而看似真实，却又是虚构的犯罪记忆，可以让大家意识到错误记忆的形成过程对法律提出的严峻挑战。

很多人都想知道我是怎么做到的，别着急，在本书后面的部分我进行了解释说明，但我向你们保证，整个过程中，我没有对参与者进行洗脑或者肉体折磨，也没有对他们进行催眠。我们的心理结构和生理结构决定了我们每个人都可以对一件完全没有发生过的事情历历在目。

这本书将会从生物学角度出发，来解释记忆最根本的原理：社会环境如何深刻地影响了我们体验世界、回忆世界的方式；自我意识如何塑造了记忆，又如何反过来被记忆所塑造；在我们试着理解（或误解）记忆能对我们产生的作用时，媒体和教育扮演了什么角色。这本书也会详细展示一些不可思议的以及能够支配我们真实记忆的记忆误差、篡改和错觉。这本书绝对无法面面俱到，尽管如此，我仍然希望这本书可以让你对涉及的科学知识形成一个足够坚实的认识基础。或许这本书也可以让你开始思考，你对世界到底了解多少，你对自己又真正了解多少呢。

| 目录 |

第1章
我记得自己出生的过程

∨
∨
∨

为什么有些儿时记忆并不可能真实发生

"我记得自己出生的过程"在谷歌上有六千两百万条搜索记录，"我记得自己婴儿时期的事儿"有一亿五千四百万条，"我记得自己在子宫里的情景"有九百万条。人们似乎对婴幼儿时期，甚至更早以前的记忆有着极大的兴趣。我们都想寻找到自己最早的记忆，来理解它们可能对我们造成的影响，或者我们也想知道我们婴儿时期的记忆力到底有多强。英国《卫报》（Guardian）在网上有与此相关的问题讨论，有些人，比如露丝，在参与讨论的时候就迫不及待地分享了自己最早期的回忆：

　　"我在一个黑暗而温暖的地方，觉得很安全。我能听到一种稳定而有节奏的声音（妈妈的心跳），觉得既安心又舒适。突然，有什么可怕的事发生了，吓了我一跳（我确定是妈妈的尖叫声）。然后那种有节奏的声音回来了，我觉得应该没事了。然而，可怕的事又来了，这次我知道这可怕的事会一而再再而三地出现，我吓坏了！我的身体被又拉又扯，挤得生疼，妈妈在大声喊叫，太恐怖了！然后，我就出来了，医生温柔地对我说了什么，我听不懂，但是，我能感觉到他的意思！要是我妈妈还活着，我一定要问问她，我出生的时候，我们前面是不是有一个阳光明媚的大玻璃窗，给我接生的医生有没有胡子，是不是矮矮胖胖的。"

有太多人声称他们记得自己的出生过程，露丝是其中之一。也有很多人说记得自己婴儿时期的事情，比如，清楚地记得保姆长什么样子，自己的婴儿床是什么样的，或者记得一些非常小的细节。这种事情我在研究生涯中听过无数遍："我记得床的上方挂着的所有电动小飞机的样子"；"我记得小时候想偷偷爬下床，结果被发现了，我卡在了床栏杆上，害怕极了"；"我记得我最喜欢的玩具是一个蓝色的音乐熊，一拉绳子它就唱歌，我就会慢慢睡着。如果这不是我记忆中的事儿，我怎么会知道得这么清楚呢？那个玩具熊在我两岁的时候被扔了"。

停下来想一想，是挺难以置信的，那么小的时候发生的事情，这些人怎么可能记得那么清楚呢？

其实，他们根本不记得。

最初的记忆

每个人都有最初的记忆——那么多记忆，总有一个是最早的吧。而且我们坚信，这个记忆一定发生在我们第一次产生意识的那一刻，一直到现在的这段时间区间里。可是，我们如何才能辨别清楚这段记忆是否是对真实发生过的事件的准确反映呢？

心理学家认为，声称记得自己婴儿床头铃上的小飞机、出生时的产室，以及在妈妈子宫里感受到温暖的那些人，说的其实是"没有可能性的记忆"。研究早已显示，成年人是无法准确回忆起婴儿或幼儿时期的事情的。简单来说，婴幼儿的大脑还没有发育出能够形成并储存长时间记忆的功能。尽管如此，还是有很多人相信自己有这样的记忆，并且这样的记忆是准确的，因为除了现实经历，他们找不出其他合理的记忆来源。

实际上，找出其他的合理解释并不难。自己的婴儿床和床头铃上的小飞机是什么样子，偷溜下床被发现然后卡在栏杆上，有一个会唱歌的玩具熊，这些事情难道就没有什么别的方法知道吗？当然有，比如一张老照片，或者父母给我们讲过去的事情。对你有着特别重要意义的东西，你应该也会有记忆，因为这些东西可能在你的生活中留存了相当一段时间。

由此可见，能够建立起令人信服的早期童年记忆的必要材料和信息——至少其中的一些——是可以通过其他方式获得的。当我们在一个看似合理的情境中，比如重述一段生命早期事件的时候，我们无意中就会使用这类材料和信息填充记忆缝隙，人为增补细节。而我们的大脑会把信息碎片用一种我们能理解的方式组合起来，使我们觉得这就是真实的记忆。这并不是通过回忆做出的理智选择，而是一种自然而然发生的活动。这两种过程被叫作：虚构症（Confabulation）和来源混淆（Source Confusion）。

正如日内瓦大学的路易斯·纳胡姆教授和他的认知神经科学研究同事们所说："虚构症指的是一个人对从未发生过的经历和事件产生了记忆。"这描述的就是影响我们的记忆，尤其是早期记忆的复杂现象。对于早期童年记忆来说，这个定义可以解释得更简单：事情可能的确发生了，只是在那么小的年纪，我们的大脑不可能储存得了那些信息，之后也不可能把它呈现出来。

此外，我们之所以相信自己有早期记忆，比如记得自己出生时候的事情，很可能是由于把信息的来源识别错了。这就是来源混淆——忘记了信息的来源是什么，然后把我们的其他记忆和经历错误地当作来源。回忆快乐的童年时，我们可能会把母亲告诉我们的故事当作是自己的记忆，或者可能会把亲朋好友讲述的他们自己的回忆融入我们自己的叙述中。另外，我们也有可能错把自己想象的童年当成了真实的记忆。当然，记忆误差的产生也许是由于虚构症和来源混淆的共同作用。

关于童年记忆可以被人工干预的早期实验之一，是西华盛顿大学的记忆科学家艾勒·海曼（Ira Hyman）教授与乔尔·彭特兰（Joel Pentland）教授在1995年完成的。参与实验的65位成年人被告知，此次实验是为了研究人们能够多大程度地回忆起早期的童年经历。他们需要回答有关他们6岁以前经历的一系列问题，而科学家已经通过问卷调查的方式从他们的父母那里了解到了有关经历的细节。最后，他们被告知回忆的准确度是至关重要的。

这当然不是个寻常的童年记忆研究。研究者并不只是想看看参与者能回忆起多少真实发生的事，更想看看他们能"回忆"起多少根本没发生过的事情。在那些从参与者父母口中得知的真实经历中，研究者还混入了他们编造的一段虚假经历："你5岁的时候和父母参加了一位朋友的婚礼。在婚宴上，你和其他孩子到处乱跑，把酒桌上的一大碗潘趣酒撞翻了，酒洒在了新娘父母的身上。"——这次研究实验也因此被称作"撞翻潘趣酒碗"实验。

这种情景既能调动情绪，听上去又真实可信，想象出该情景的画面不算难事，我们都知道自己文化中或者国家中的婚礼是什么样子的。婚礼一般都比较正式，所以我们会很容易把新娘的父母想象成盛装出席的一对老人，也很容易想到5岁的我们在这种场合到处乱跑的情形。而且事实证明，如果我们觉得这个情景只有短短几分钟，就更容易把它清晰地想象出来。实验中的每位参与者都先被询问两个真实经历，然后被问及这次莫须有的"潘趣酒碗"事件。研究者就每段记忆给出一些基本信息，之后要求参与者对整件事进行完整回忆。参与者要闭上眼睛，回忆并重现记忆中的物品、人物、地点的样子，而且他们需要每隔一个星期回来一次，重复相同的实验过程，一共做三次。

实验结果令人咋舌。通过重复想象虚构的事件并大声说出"回忆"，最终25%的参与者产生了清晰的虚假记忆；12.5%的参与者能说出研究者提供的信息，但表示不记得自己打翻了潘趣酒，即产生了部分虚假记忆。也就是说，相当一部分参与者在仅仅三次想象练习之后，都确信研究者虚构的事件是真实发生过的，而且他们清楚地记得事件过程。这样的实验结果表明，**我们会把童年记忆的信息来源张冠李戴，把自己的想象认定为真实发生的事件，把别人提供的信息内化成我们过去经历的一部分。**一个人通过引导想象而诱导另一个人产生虚假记忆，这是虚构症的一种极端形式。

顺便一提，艾勒·海曼教授对虚假记忆的研究做出了巨大的贡献，是一位杰出的科学家，除此之外他还有很多面，会让你瞬间喜欢上他。既然说到了，那就来做一个关于他的小测验吧。请将这句话补充完整：艾勒·海曼

_____。

A. 的第一部学术著作是关于披头士乐队的

B. 曾表演过芭蕾

C. 痛恨腌黄瓜

D. 以上全部

答案当然是D。我们就爱这样的他。

短期记忆与记忆群组

现在我们回来说记忆神经科学，从生理学角度看看为什么早期童年记忆如此容易被扭曲。当科学家讨论记忆如何成熟时，即记忆如何随着人年龄的增长而改变，他们通常会将短期记忆和长期记忆分开来进行讨论。短期记忆是大脑在短时间内储存少量信息的记忆系统，储存时间非常之短，差不多只有30秒左右。比如说，我们会一遍一遍地重复一串电话号码来记住它，直到把电话拨出去那一刻。这叫作语音回路或语音环路，就是对短期记忆的

使用。

这种记忆的信息存储容量不大。根据普林斯顿大学的乔治·米勒（George Miller）在1956年发表的开创性论文（也是一直以来被引用次数最多的论文之一），我们的工作记忆一次性的存储容量是7±2个单元。换句话说，依照我们各自的记忆能力和精神状况，我们的即时信息存储能力会减少到只能存储5个单元，或者会增加到能存储9个单元。这种变化是可以被察觉的：我们非常累的时候可能会发现短时间内几乎什么都记不住，短期记忆能力似乎消失了。

尽管米勒的"神奇数字7"已经被质疑——密苏里大学的尼尔森·科恩（Nelson Cohen）在2001年发表的论文中表示，真正的存储容量可能只有4个单元——但原则没变，也就是任何情况下我们的短期记忆只能储存非常少量的信息，且只能储存30秒左右。

有一个概念在讨论短期记忆时经常被提到，就是"工作记忆"（Working Memory）。这是一个理论性的结构框架，有关我们在解决问题等类似的过程中如何灵活地记住信息。短期记忆一般被认为是工作记忆的一种类型。明确短期记忆与工作记忆之间的差别，以及如何准确使用这两个概念对研究者来说是非常重要的。但在此为了方便讨论，我将用这两个词组来表示同一种概念。

挪威奥斯陆大学的克里斯迪安·塔姆斯（Christian Tamnes）和他的同事检测了8到22岁之间的人群工作记忆的成熟过程。2013年，他们在发表的一篇论文中介绍了他们的研究发现，即工作记忆的改善与大脑中某些特定区域的变化有关。具体来说，短期记忆的发展是由大脑额颞网络的成熟引起的。研究表明，我们使用更高层次的思维（额叶）、感官和语言（顶叶）的能力都与短期记忆密切相关，而且这种能力会随着年龄的增长而变强。大脑这些区域之间的联系越紧密，我们短期记忆存储信息的能力就越强。

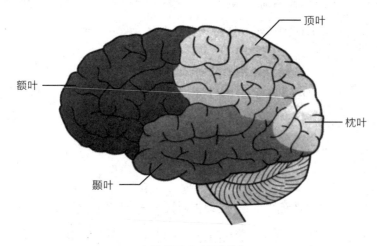

大脑的四个主要区域

这听起来像复杂的神经科学，请让我分解开来慢慢讲述。我们的大脑主要分为四个区域：顶叶、额叶、颞叶、枕叶。其中，顶叶，顾名思义，位于大脑正顶部，负责综合处理感官信息和语言，这对于短期记忆非常必要。额叶位于大脑前部，额头正后方，这部分负责更高层的认知功能，比如思考、计划、推理论证。位于额叶最前部的是前额皮质，专门负责复杂的思维活动，计划复杂行为、做决策等能力与前额皮质都有关联。

有一种手术叫作脑前额叶切除术，用于治疗一些严重的精神疾病，前额皮质就是在该手术中被切除的部分。手术过程基本上就是用一个碎冰锥从患者的眼窝刺穿直入大脑，这种残忍的干预方式会严重影响病人的性格和智力，但由于被认为能有效减轻患者的症状而在过去被认可。然而事实上，病人经过手术后就几乎变成了僵尸，性格什么的都没有了。世界上的许多国家（美国、英国、北欧诸国、日本、苏联、德国）都曾采用脑前额叶切除术治疗过成千上万的精神病患者。这项技术最早由埃加斯·莫尼斯（Egas

Moniz）于1936年首次在手术中采用（他竟然因此获得了诺贝尔医学奖），但在1967年因沃尔特·弗里曼（Walter Freeman）在手术中导致一个病人死亡而被大范围废除。

谁会想到为了储存少量信息，我们竟然需要这么复杂的大脑网络？当然，就像我前面说过的，即便为了完成很小的记忆任务，我们也需要在同一时间感知并分类整理大量的信息，并把它们与我们已有的对外界的记忆整合起来，从而理解我们看到的或记住的事物。

现在回来继续说我们的早期童年记忆。研究显示，婴儿和幼儿具有短期记忆能力，尽管能力不如成年人。他们的记忆策略似乎也有所不同，不是短期记忆容量上的差别（在这方面，多年来一直争议不断），更多的是接触环境方式上的不同。

前面已经说过，我们的短期记忆在任何情况下都能储存一定数量单元的信息。单元表示不同时间内的不同事物。再拿电话号码举个例子。你当然可以试着分别记住每个独立的数字，7-5-3-8-9-6-0，但是如果你把数字组合成块就更容易记住：75-38-96-0。这样做就把七个信息单元减少到了四个单元，把电话号码储存在短期记忆中的过程就大大简化了。

乔治·米勒，也就是那位带我们认识"神奇数字7"的人，首创使用"记忆群组"这一术语来描述上文那种在进行记忆任务时把事物和信息组合成块的行为。这个词实际上指的是，我们运用更高层的认知过程（前额皮质的重要功能）来对外界信息进行单元组合的能力。通过运用惊人的联系能力，我们的大脑能够积极地或被动地将分散的信息整理成组块。

比如说，如果我对你说"星巴克"，你知道我说的是那个创始于西雅图、坐拥数万亿的商业巨头，或者你会想到咖啡和免费无线网络。这就表明，你的大脑中已经有了对"星巴克"这单个词所代表和包含信息的记忆。

这一个词就可以被看作是记忆过程中的一个单元，你只需要记住这一个单元，而不是记住跟"星巴克"有关的无数孤立的不同碎片信息：绿色、人鱼标志、咖啡、无线网、舒适的椅子、咖啡师、超大杯、大杯、中杯、拿铁、松饼、星冰乐、美国、杯子上写错的名字等。

对待其他事物也是一样的。**如果我们能把更多的概念和信息组合成块来进行记忆，我们的工作记忆就会越来越强大。随着我们年龄的增长、经历的增加、对外界理解的加深，我们会愈发善于进行"记忆群组"。**

这也就是说，成人的工作记忆存储能力优于儿童，儿童的工作记忆存储能力优于婴儿。因为幼小的我们几乎无法同时处理多种刺激，更不用说把这些刺激牢固地储存在长期记忆中，等到成年后再回忆起来了。

那么长期记忆呢？首先，短期记忆的确非常之"短期"，而长期记忆并不一定就真的非常"长期"。记忆研究者所说的"长期"，通常指的是任何储存超过30秒的记忆（不同研究者对此也有争议）。但是，"长期记忆"也包含那些我们至死仍然拥有的记忆——既包括情景记忆也包括语义记忆。针对能持续数天、数年，甚至能持续一生的长期情景记忆的研究，已经取得了非常引人瞩目的成果。

童年期失忆

早期童年记忆是世界上记忆科学研究最多的领域之一。大多数研究者认为，我们开始能够形成持续到成年的记忆的年龄是3.5岁。但是有些研究者，比如康奈尔大学的王琪，认为该具体年龄因人而异，2~5岁都有可能。

这一方面是因为，我们大脑的一些必要结构还没有发育完全，另一方面是因为，任何事物在3岁以前的我们看来都是新鲜刺激又不熟悉的。我们不知道什么是重要的，能帮助我们理解这个世界的语言和脑部结构也不够完善，更别说必要的处理信息的认知资源了。正因为儿童和婴儿不会恰当地理解辨别信息，他们无法分辨出什么是应该记住的，什么是应该忘掉的。

这种由于缺乏足够的能力而无法形成能够持续到成年的早期童年记忆的现象，叫作童年期失忆（或婴儿期失忆），是由心理学家卡洛琳·迈尔斯（Caroline Miles）在1893年首次提出的。她在研究中发现，大多数人的早期记忆都是在2~4岁形成的。现在我们对于童年期失忆现象的意义和成因的理解都比卡洛琳更加深入，但她对形成年龄的估计是非常精确的。这非常令人震惊，因为虚假记忆（对于并未实际发生的整个事件的"记忆"）的概念在卡洛琳之后的70多年中一直未能被确切地研究或理解，直到伊丽莎白·洛夫特斯（Elizabeth Loftus）等研究者革命性地让人们改变了对记忆可塑性的看法。

我并不是说婴幼儿没有记忆，他们当然有，只是没有能持续到成年的记忆罢了。当我们还是新生儿的时候，对于简单的图形和颜色组合的记忆就能持续一天左右，这种记忆中甚至还包含了图形对我们情绪的影响。在2014年的一项研究中，犹他州的罗斯·弗洛姆（Ross Flom）和他的同事给一些五个月大的婴儿展示了几个几何图形——正方形、三角形、圆形；与此同时，让婴儿们看几种面部表情——微笑、漠然、生气。也就是说，每一种图形都与某一种心情相对应，比如圆形与高兴对应，正方形与漠然对应。在展示之后紧接着测试，结果婴儿最擅长记住的是与"高兴"相对应的图形。然而在第二天的试验中，婴儿却更容易记住与"漠然"共同展示的图形。那么，我们是如何测试婴儿的记忆的呢？我们测量的是婴儿盯着物体看的时间长度。婴儿倾向于喜欢新东西，所以，如果他们记得一个东西，就不会盯着这个东西看太久。这个研究结果不但告诉我们，婴儿的记忆可以持续至少一天（这当然可以算是长期记忆），而且也说明他们的大脑可以处理并储存与情感有关的信息。

从能够记住事物一天左右开始，我们的记忆能力开始快速增强，两岁的孩子能记住自己经历过的事情超过一年。这就是为什么如果我经常去看我两岁的侄女，她就能记得我，如果我一年不见她，她就很难想起来我是谁了。这也能解释很多类似的情况："记得茉莉亚姨妈吗？不记得？你小时候她给了你一个豆豆娃呀！"于是，我收到了同情的目光。

我们知道大脑中负责长期记忆的部分，包括额叶的一部分和海马体，大约在我们8~9个月的时候开始生长，所以在这之前，婴儿拥有超过30秒的记忆是不可能的。根据哈佛大学杰罗姆·卡根教授（Jerome Kagan）的看法，能证明记忆大约在9个月开始生成的迹象是，婴儿此时开始显著地展现出不愿意离开父母的倾向。想念母亲能证明婴儿对妈妈存有记忆，并能察觉妈妈的离开。2014年，卡根在ABC（American Broadcasting Company，美国广播公司）新闻台的一次采访中说："如果你有5个月大，你就是'眼不见心里无'的状态。你不太可能因为妈妈离开就哭，因为你会忘记她在你身边待过，所以妈妈暂时离开就没那么让人害怕。"

不过，这样的记忆会不会一直留存下去，就是另一个问题了。费城天普大学的列恩惠（Eunhui Lie）和诺拉·纽科姆（Nora Newcombe）就提出了这个疑问。她们在1999年发表了一项研究，测试11岁的孩子能否从照片上认出他们在学前班时的同学。每个孩子都被展示了一系列3~4岁孩子的照片，其中有一些是他们7年前的小同学的照片，大多数孩子一个同学都认不出来。这样的任务如果11岁的孩子都完成不了，比他们年长20岁、30岁、60岁的成年人又怎么可能完成呢？除非我们的同学一直是同一批人，或者直到成年我们都和他们是朋友。这不是与陌生人短暂相遇后便忘却的普通健忘，而是与同一群人朝夕相处几年之后的失忆。

幸运的是，长期记忆能力随着我们年龄的增长会迅速增强。**随着我们越来越能理解世界是如何运作的，以及什么才是重要的，我们的记忆在持续时间和复杂程度上都会有所提升。**长期自传式记忆的基础是在生命的最初几年建立起来的，但实际上记忆过程需要的主要生理结构（海马体和相关的认知结构）的发育成熟过程会持续到成年初期。这个发现很好地支持了"延长青春期，或后青春期会延续到25岁"这一看法，因为大脑的成熟过程至少要到这个年龄才能完成。

儿童的大脑是发育不完全的，还没有参加"记忆超级联赛"的资格，所以我们应该理解并珍惜童年期失忆的存在和其必要性。

婴儿的大脑

肉嘟嘟的小婴儿的大脑与身体的比例过大，饱藏着巨大的潜力却没有发育完全。人脑其实非常"肥胖"，60%是脂肪，仍需要变得更加肥胖。人脑有着世界上已知的最复杂的结构，包含着"我们会成为谁"的决定因素。

正如刚刚提到过的，大脑在我们生命的初期会经历巨大的物理变化。为了详细了解这些变化究竟是什么，北卡罗来纳大学的瑞贝卡·尼克梅尔（Rebecca Knickmeyer）领导一个研究组，用高科技神经成像技术观测了98个2~4周大的孩子大脑，并跟踪观测直到孩子们两岁。在这项研究中（2008年），他们要把孩子放置在核磁共振成像仪中，用仪器打印出大脑结构的立体影像。这种经历特别像在科幻小说里！如果你可以成为神经科学研究项目的参与者，我鼓励你一定要去试一试，你就有机会看看自己大脑是什么样子的了！我一拿到自己大脑的影像就当作我在脸谱上的头像了，朋友们都说我的脑室特别性感。

关于婴儿的大脑，研究者的发现是惊人的：婴儿出生后的第一年，大脑总体积增加101%，第二年再增加15%，也就是大脑的体积翻了两倍多。通过核磁共振仪的扫描可以清楚发现，婴儿2~4周时大脑只有成年人大脑体积的36%，1岁时的大脑体积占成年人的72%，2岁时能达到成年人大脑体积的83%。除此之外，凡尔纳·卡弗内（Verne Caviness）以及哈佛大学医学院的一个研究小组的另一项研究表明，孩子9岁时大脑体积相当于成年人大脑的95%，直到13岁左右大脑才能长到与成年人大脑完全相等的体积。巧合的是，我们开始能记住越来越多东西的年龄，与大脑体积的增长时间出奇的一致。

伴随着婴儿大脑的急速生长，单个大脑神经元（脑细胞）的数量也在大量减少，这个过程始于我们出生，止于青春期。玛娅·艾毕茨（Maja Abitz）和她的团队研究发现，在大脑中负责记忆与思维的重要区域，例如脑丘背内侧核，成年人的神经元数量比新生婴儿的少41%。如果不了解神经元数量减少过程的内部原因，你很有可能会认为那个被观测的可怜人马上就要脑死亡，那些美丽浩瀚如银河的神经元就要永远消失了。放心吧，**大脑生长中的神经元减少是我们成长发育的必经过程，由此我们的大脑才能变得更加高效，每次生长都是大脑的一次优化——增加体积和容积，减少神经元，为最重要而持久的信息留出存储空间。**

与上述过程同时发生的，大脑似乎也改变着神经元之间的链接方式。神经元是我们大脑中通过电信号和化学信号来处理并传输信息的细胞，它们之间的联系叫作神经突触，一般被认为能够反映我们的学习过程，比如把信息组块存入工作记忆。突触发生（突触的形成过程）使我们能够在大脑中对相互有关的抽象概念（比如星巴克、绿色、咖啡、咖啡师、wifi）形成一张物质网，建立起联系。

根据芝加哥大学的神经科学家彼得·胡滕洛赫尔（Peter Huttenlocher）对这个现象的研究结果，婴儿时期会产生过多的突触联系，神经突触高密度会持续到后儿童期或青春期，紧接着会发生突触削减过程，到青春期中期结束。简单来说，就是我们从出生到成长为儿童时，有很多很多神经元，建立了不可计数的大量联系，一旦进入后儿童期，我们的大脑变得更善于辨别哪些联系是需要保留下来的，而哪些联系是华而不实需要舍弃的；此后一直到青春期中期，大脑会经历一场"春季大扫除"。当然了，你在5岁的时候能叫出所有恐龙的名字，但你真的需要这些信息吗？"八成用不着"，你的大脑会这么告诉你，然后擦除这些联系，并删除负责储存这部分知识的神经元。

减少不必要的神经突触是学习过程中的重要步骤，因为除了在大脑中针对相关概念建立有意义的联系之外，我们还得丢弃那些不合时宜的联系。把星巴克与无关的概念（比如黄色、花、独角兽）之间的潜在联系删除掉，有助于我们最高效地记住星巴克到底是什么，并在需要时以最快的速度应用这个知识。

在我们成长发育的过程中，为了让我们的大脑运转速度更快，神经元和神经元之间的联系会大量地增加，然后那些用得最少的神经元和突触联系会被丢弃，也就是不必要的错综复杂的神经元联系网激增的同时被削减，（以色列）特拉维夫大学的贾勒·柴池克（Gal Chechik）和他的同事把这个过程叫作最优化的"最小量"删除。最终，我们混乱无序的大脑会变得简洁精密，根据特定的环境（个人学习环境、生物环境、外部境遇等）做出最大的优化。

总而言之，由于大脑结构机能不全，组织能力和语言能力不足，早期童年记忆是无法持续到成年的。但为什么我们总是认为自己能够记得住小时候的事情，真正的原因还在探索中。我们之所以记不住一些发生过的事情，是因为我们大脑功能发育不完全，这不难理解；难理解的是，我们为什么会记住那些根本没有发生过的事情。在这一章开始的例子中，露丝坚信她清楚地记得自己出生时的事情，说出了满载细节的、有多种感官参与的生动"回忆"，甚至描述了自己在子宫里听到的声音，被分娩时经历的身心痛苦，还有来到这个世界后看到的医生和产房的样子。这一切怎么可能呢？

兔八哥与查尔斯王子

为了解答前面那个问题，我们来看看一个关于婴儿床头铃的系列研究。20世纪90年代中期的加拿大首都渥太华，心理科学家尼古拉斯·斯巴诺（Nicholas Spanos）正与他的研究团队坐在一起，决定要向世人展示我们回忆起小时候从未发生事件的可能性。几轮讨论之后，他们发表了几篇论文，以证明虚假的早期童年记忆可以在大多数人的大脑中轻而易举地形成，后来极大地动摇了科学认识记忆的根基。但不幸的是，1994年6月，斯巴诺在一场严重的坠机事故中丧生，这项研究他本人没能亲自完成，而是由他的同事谢丽尔（Cheryl）和梅丽莎·伯吉斯（Melissa Burgess）继续进行，并在1999年发表了研究结果。

研究参与者被要求填写一些调查问卷，填好后由研究员收走，佯装输入电脑，然后回来告诉每一位参与者，电脑反馈他们有非常出色的眼球运动协调性和视觉能力，这一定是他们出生不久后形成的，极有可能是因为他们出生的医院给每个新生婴儿床上方都挂了彩色的旋转床头铃。

这当然是故意撒的谎，预先设计好的假"电脑反馈"，好让研究者能深入研究参与者的婴儿记忆。接下来，为了让参与者确定他们的确有上述关于床头铃的经历，研究者对参与者进行催眠，回溯到参与者出生后的第二天，然后问他们记得什么。

所谓年龄回溯，是对一个人进行催眠，通过催眠把他带回到小时候，回忆当时的事情经过。这是从西格蒙德·弗洛伊德（Sigmund Freud）精神分析法的假设中发展出来的概念，曾经被无数的经验主义研究所诟病，认为它作为记忆辅助方法一点都不可靠。就像上面的那项研究，研究者的研究预设是虚假谎言（参与者视觉能力出色），记忆提取方式的有效性也非常令人质疑。

尽管如此，谢丽尔和梅丽莎·伯吉斯发现研究参与者回忆起了不少小时候的细节。实际上，51%的参与者表示他们能想起来小时候床头上挂的彩色旋转床铃的样子，而且这些参与者就像一开始提到的露丝那样，即便不记得床铃，他们也能回忆起其他事物，比如，医生、护士、亮光、婴儿床、口罩之类的。

几乎所有参与者的回忆都是虚假的，令人震惊的是，他们都声称这些是他们真实的记忆，绝不是臆想出来的。研究者编造的事件发生时，参与者的大脑还不具备形成长期记忆的生理功能，然而这些研究者成功收集到了关于那个时期的虚假记忆。这就意味着，参与者在研究者的引导下，可以与人谈论子虚乌有的"回忆"——他们拥有了不可能真实存在的童年回忆。

另一位研究者，哈佛商学院的凯瑟琳·布劳恩（Kathryn Braun），也想让参与者相信一些从未发生过的事情是真实发生过的。2002年，布劳恩和同事进行了一项十分美妙而简单的研究，他们巧妙地捏造了一段北美很多孩子都有过的经历：迪士尼游乐园之旅。这是记忆研究和经济学有趣的交叉运用，研究团队试图了解广告是否会诱导人们产生一部分虚假记忆。

在第一次实验中，研究团队让小时候去过迪士尼乐园的参与者读一份广告，广告暗示他们在迪士尼乐园一定跟米老鼠握了手。正如研究者所预料的那样，读了这份广告的参与者比没有读过的更加确信自己确确实实跟米老鼠握了手。在第二次实验中，研究团队让不同的参与者读一份不一样的迪士尼广告，这次广告暗示他们跟兔八哥握了手。再次不出所料，广告增加了参与者对事情发生的确信度。

尽管第一次实验无法排除引发真实回忆的可能性，第二次实验就更能证明参与者是被诱导产生了虚假记忆，因为兔八哥是华纳兄弟电影公司塑造出来的角色，完全不可能出现在迪士尼乐园。这样看来，哪怕是看了一眼广告这种小得不能再小的事情，也会潜移默化地在我们珍贵的童年记忆中悄悄捏造出虚假的一段。

这项研究的重要性在于，它证明了我们可以在一个真实的经历中，比如去迪士尼乐园游玩，虚构出一小段并未发生的事件。对大多数人来说，这不过是生活琐事的虚假记忆，日常生活中经常发生，没什么好大惊小怪的。那么问题就来了：对于更复杂更严肃更重要的事情，我们会不会犯同样的错误？

这恰恰是心理科学家戴仑·斯特兰奇（Deryn Strange）提出的问题。她想知道我们是否能够在记忆中植入复杂的虚假事件，甚至包括荒谬到绝无可能发生的事件。2006年，在新西兰的一个实验室里，斯特兰奇和她的同事请一些6岁和10岁的孩子参与了一项实验。他们给孩子们看四张照片：其中两张展现的是他们生活中的真实经历，另外两张照片上的事件是伪造的，孩子们从未经历过。斯特兰奇想知道的是，事件的合理性与可能性是否会影响孩子们对事件真实性的判断。于是，她给孩子们看的两张伪造照片中，一张是孩子乘坐热气球的照片，这"非常有可能"；另外一张是"不可能发生"的照片，孩子们跟查尔斯王子在喝茶。

在三个星期的三次采访过程中，斯特兰奇发现他们中的许多人——6岁孩子中的31%，10岁孩子中的10%——认为伪造照片上的经历是真实发生的，并且对事件形成了翔实的细节。尽管年龄对实验结果有一定的影响——年龄小的孩子比年龄大的孩子更容易受到外界影响而产生虚假记忆——但事件的合理性与可能性对实验结果却毫无影响。孩子们相信自己跟查尔斯王子喝过茶，就像他们相信自己乘坐过热气球一样，毫不怀疑。

这样看来，对虚假的事件甚至是绝无可能性的事件产生令人信服的童年记忆，我们可以毫不费力地实现。

不靠谱的成长期记忆

我们已经开始认识到，记忆有可能是不可靠的、错误的。尽管如此，大量的坊间证据清楚地显示，我们并不总被记忆欺骗，有时候我们也会意识到自己的记忆不可能是真的。艺术家与维康信托基金会参与伙伴A. R. 霍普伍德（A. R. Hopwood）创建了"虚假记忆档案"，他们让公众每人匿名提交一份他们认为虚假的或自己不相信的记忆。（他后来与很多心理学家共同创作了一系列有关虚假记忆的艺术品，2013—2014年在英国巡回展出。）虚假记忆档案中有这样一段报告："我于1979年出生在澳大利亚，1980年我们搬回了英国西米德兰兹郡的考文垂，然后我就在那儿长大。我有一段记忆是自己坐在手推车里，旁边就是新的考文垂大教堂的建筑工地，教堂刚建了一半，到处都是脚手架。我妈妈也在，穿着绿色长裙。"

这个故事听起来没什么特别的，合情合理且可能性非常高，还有重要的细节，比如关于母亲衣着的视觉记忆。而且十分日常，编造或者想象出这样一件事反而让人觉得有点异常。然而，这种"正常"的画面被击碎了，因为这位回忆者接下来说："这座新的大教堂是1951年开始修建，1962年完工的，比我出生的时间早了17年。"

据这位回忆者说，当他返回考文垂看到大教堂的时候，回忆起了"往事"，第一次产生了怀疑，于是他决定证明一下这段记忆是否准确。他觉得之所以会产生这段虚假记忆，很可能是因为非常熟悉考文垂大教堂，以及这里大部分的建筑在"二战"中都被毁了。由此他们知道大教堂肯定是要被重建的，重建就肯定要用到脚手架。这些综合起来就很容易让人产生联想，形成包括所有这些元素的虚假记忆。

在1975年发表的一篇原创论文中，明尼苏达大学的约翰·弗拉维尔（John Flavell）和亨利·威尔曼（Henry Wellman）创造了一个词——"元记忆"（Metamemory），指代类似上述记忆自我修正过程中我们所具有的一种机能。**元记忆是一个人对自己记忆系统的认知，包括对自己记忆量大小的认知，对提高记忆力方法策略的了解，也包括监控自己的记忆、分析并确认记忆可信度的能力。**

当我们发现自己拥有的一段记忆是虚假的，我们就在使用元记忆。也正是因为有元记忆，我们才得以分清哪些事情是我们想象出来的，哪些是我们观察到的，哪些是我们亲身参与的——尽管这种能力可能会被控制、被误导，使我们产生记忆错觉。如果没有元记忆帮助我们认识自己记忆力的强弱、评估记忆的可信度、时常检查记忆能力，我们就会始终游离在真实与想象之间，不辨真伪。这也是成年人不会认为自己想象出的东西是真实的，而且一般都能非常清晰地知道某些事情究竟有没有发生在自己身上的原因。

虚假记忆档案中还有一个例子，一位妇女以为自己的一段记忆是真实的，直到元记忆开始起作用："我在一个公寓里，四个女人在打牌。窗外天特别暗，窗帘是那种带橙色花格子的。她们都在吸烟。我记得带点蓝色的烟呈螺旋状袅袅上升，盘旋在牌桌上方的灯周围。正在打牌的一个女人突然说：'我觉得我马上就要生了！'于是她冲出公寓去了医院。"

天气的细节，我们一般不怎么注意的窗帘花色，对烟的栩栩如生的描述，都让这段回忆显得无比令人信服。如果我们听别人讲了这段经历，我们极有可能会信以为真，也许还会觉得这个人记忆力太强大了，竟然能回忆起那么多细节。但是她接着又说："现在我知道这段记忆并不是真实的（虽然直到今天依然像我小时候记得那样清晰），因为那个冲去医院生孩子的女人所生的孩子，就是我。"这位回忆者没有说这段虚构的记忆到底源自什么，但我们能想到几个可能的来源，她妈妈的讲述，或者就是纯粹的想象。

如果你认为人出生以前发生的一些事情也是记忆，那么你只需要去跟相信超自然现象或者相信前世的人讨论了。对于一个记忆研究者来说，重要的是这个人把某些回忆当作自己过去的记忆。他们感觉一件事的确发生了，而且感觉自己是记得的，即使这件事不是真实的。想想看，关于虚假记忆研究，我们已经知道了些什么呢：在迪士尼乐园见到兔八哥，记得出生第二天看到的婴儿床头铃，记得自己的出生过程，这些虚假记忆都有一个共同点，那就是不可能发生，但又感觉非常真实。

当然了，元记忆也不是完美无缺的。为了让虚假记忆理论合乎情理，我们可以引用更多的叙述，试着用理论来合理解读。比如这个例子，也是虚假记忆档案中的：

"我本科四年学的是艺术史，在那之前我已经领略过米开朗基罗壮丽庄严的绘画作品和宏伟的雕塑作品了（小时候去佛罗伦萨看到了大卫像）。伦敦的维多利亚和阿尔伯特博物馆有大卫像的同等尺寸复制品，当我去看的时候，我吃惊地发现这个雕像比我印象中的要瘦小很多！我觉得自己曾经见过的那个要宏伟得多，以为这或许是因为我以前是以小孩子的眼光看大卫像，而且我当时被雕像的力量、完美无瑕的质地、强大的表现力深深迷住了。我把爸爸叫过来，告诉他我对这个雕像很失望。使我更沮丧的是（今天还能感觉到当时的沮丧），爸爸说我们从来没去过佛罗伦萨，我也从来没见到过米开朗基罗的大卫像。"

有时候我们能意识到一些事情不可能发生过，是因为一些新证据与我们先前所相信的事情有所矛盾。大多数人并不会不断地挑剔自己的记忆；我们的元记忆可能一时疏忽，让虚构的片段趁机溜了进来。在这种情况下，我们只有再次主动启用元记忆——一般是我们认为一段记忆不像真的，甚至不可能发生的时候——才有希望摆脱掉乘虚而入的虚假记忆。元记忆很美，它能帮我们辨别记忆的真伪，但它也并非完美无瑕。

把童年记忆放到一边之前，我要申明一件事情，童年记忆研究并不认为我们记不住的早期童年记忆不重要。早期几年对我们大脑的发育、人格的形成和总体认知的发展是绝对必要的。根据医学博士杰克·肖可夫（Jack Shonkoff）和同事在2012年关于"早期逆境经历的长期影响"的研究，经历过逆境（即使是在尚且无法清晰形成可持续到成年的记忆的年龄）对我们有着持久的影响。正如他们所说："早期经历和周围环境的影响会持久标记在遗传倾向中，影响大脑构造发育和长期健康。"我们最重要的成长期，也是几乎什么都记不住的时期，真是奇妙又奇怪。

第 2 章
被弄脏的记忆

为什么记忆的过程就是感知的过程

在加州圣地亚哥的巴伯亚公园，我漫步在参天的棕榈树和陡峭的悬崖之间。为了逃离难耐的湿热，我决定去科技馆。那里有一场神奇的表演，声称是结合了感官科学、物理学和心理学，于是我停下来，坐在了一群激动的孩子和满脸疲惫的父母中间。在科技馆里玩魔术，我对此捏了一把汗。不一会儿，魔术师杰森·拉提莫（Jason Latimer）走上舞台开始施展魔法了。

我看到他穿过一面镜子，看到他用手把水在空中团成了一个球，他把一个盒子放进另一个大小完全一样的盒子里去，他把衣服挂在了一束光上，直到今天，我都不清楚他是怎么做到的！表演过程中，他不断解释，说他做的这些跟魔法一点儿关系都没有，而是用自己的科学知识愚弄了我们的感官。拉提莫想通过这个表演让大家认识到，眼见并非一定为实，科学能够把不可能变为可能。这时我才明白科技馆为何会允许一个魔术师来表演。

虽然他都会预告接下来要表演什么，我们谁都搞不清楚他那些把戏到底是怎么完成的。这很重要，我们明知他表演的东西是假的，也知道接下来会看到什么，但是视觉上的错觉还是能让人惊叹不已。我知道感官会影响我对现实环境的体验，也知道记忆会因此产生错觉，但这感觉就是真实得不可思议。

新记忆的创建有赖于感官感觉到的未经处理过的数据。感觉往往非常准确真实，但是我们知道事实并非如此。台上的魔术表演靠的是错觉，我也可以用科学术语来解释，可它们看起来就是特别真实。当我们的感官感觉被误导而不自知，我们就会把错误的感觉当作真实的来接收。在这一章中，我们会看一看感觉和记忆之间的互动方式，以及在记忆刚被创建时就可能产生的记忆误差。

裙子颜色之谜

"白色和金色。"

"不对！黑色和蓝色！"

"不对不对，绝对是白色和金色！"

2015年，各种媒体上都充斥着这样一场争论。一张照片上的裙子，有的人看到的是蓝底黑条纹，有的人看到的是白底金条纹。"黑蓝党"和"白金党"覆盖了这张照片下的评论，意见相反的人们都坚信对方是色盲、笨蛋，或者是在撒谎。推特上的名人们也分成了"白金"和"黑蓝"两大阵营，裙子之争愈演愈烈。

这条裙子的照片能让互不服气的同事们争执10分钟以上还不嫌累，除此之外，这条裙子实际上能让我们知道感官是如何工作的，又是如何误导了我们。不同人的感觉差异这么大，令人难以置信。不同的人同一时间在同一张照片中看到几乎完全相反的颜色，这究竟是怎么回事？

想知道真相的人显然不止我一个，2015年有三篇论文都是关于"裙子事件"的。为此现象着迷的科学家之一，是卫斯理学院的神经科学家毕伟尔·康威（Bevil Conway）副教授，他说："关于人们对同一物体所见颜色不同的记录，这可以说是有史以来的第一次。这三篇论文只是冰山一角，这条裙子使我们开启了对一个根本问题的探索，即大脑如何把信息转化成感知和认知：你是如何把感官所捕捉到的信息变成感觉或者想法的？"

论文中的发现使一些人感到非常吃惊，另一些人却认为这再明显不过。在第一篇论文中，卡尔·葛根弗纳（Karl Gegenfurtner）等人在德国吉森大学所做的研究，主要是针对人们如何表述他们看到的裙子颜色。研究者详细记录了一组人对裙子颜色的看法，研究哪一种表述是最普遍的。他们发现，除了最常见的两种颜色组合（黑和蓝、白和金）以外，更多的研究参与者会看到一种过渡的浅淡色。也就是说，除了"黑蓝党"和"白金党"，还有可能存在"细微党"——"黑色和浅蓝党"或者"浅褐和金色党"——但这些仍然不能解释大家为什么会在同一条裙子上看到不同的颜色。

为了解决裙子颜色之谜的核心问题，内华达大学的艾丽莎·温克勒（Alissa Winkler）率领一个团队展开了一项研究，检查色彩恒常性（Color Constancy）是否是解释这个现象的一种机制。色彩恒常性指的是，我们的视觉自动补偿因光照产生的色差，从而鉴定物体真实的颜色是什么。因此，尽管在户外强光下或者在室内昏暗灯光下，我们的视网膜接收到的光波长度有很大的不同，我们依然能估计出物体的颜色，并表述出与之相符的颜色名称。

通过这项研究，温克勒团队为"色觉"增添了一种新的概念。他们发现了一种"蓝黄不对称性"：当一个物体表面实际带有蓝色（相较于黄色、红色或绿色），在人们眼中这个物体看起来更接近灰色或白色。他们倾向于用"蓝色调源于光"，比如天空，来解释这种不对称性。在裙子事件中，人们看到的裙子颜色可以被解释为光源照射产生的效果，也可以说是裙子布料本身的颜色。

那么，这些跟记忆有什么关系呢？很简单，**我们之所以有视觉能力，比如色彩恒常性，不仅仅是因为我们的生理机能优越，更是因为我们拥有关于世界如何运作的基本记忆。我们在内心深处都知道蓝色调的来源是天空，因**

为我们几乎每天都看得见天空。物体看起来是什么颜色的，以及它们在特定环境中看起来应该是什么颜色，我们对此的记忆多得数不胜数。正是这些记忆在帮助我们理解感官捕捉到的信息。

这就是说，"白金党"看到的是弱光下的裙子颜色，也就是说原本的蓝色被看成了阴影；"黑蓝党"看到的裙子四周光照更亮，于是他们能够准确说出裙子的颜色。"两党"观察裙子时，他们视觉接收到的信息、对世界的内在记忆，都是同时发挥作用。

如果你们像我一样，在不同的时间看这条裙子会看到不一样的颜色组合，也大可放心，因为研究表明这张裙子照片是"多稳态"的，也就是在不同情况下，同一个人在同一张照片上看到的事物会有所不同。

毕伟尔·康威总结了不同科学家对裙子颜色之谜的研究之后，得出一个结论："这条裙子是我们理解大脑如何处理模糊信息的有力工具。很多科学家对'内在记忆模型如何影响人们的生活经验'这一课题有着极大的兴趣。我们真的认为每个人的内在记忆模型都是一样的。"

如果你对裙子的颜色还有疑惑，告诉你吧，其实就是黑色和蓝色。

这条裙子引起了针对人们看待世界不同方式的大讨论，尽管人们的感知系统一般来说都是一样的。当然类似的情况也会发生在其他的感官上，不仅限于视觉。长久以来，人们普遍认为感官只有五种，但事实上我们的身体厉害着呢，真正的感官数量可不止五种。

除了视觉、听觉、触觉、味觉和嗅觉，我们还一直在处理重力信息、外界温度和湿度、体内温度、身体某部分相较于其他部分的位置、劳累程度、体内器官的状态、肌肉紧张度等。如果所有这些感官在同一时间对某一事物产生了不完全正确的感觉（把信息解读错误），它们就极有可能把错误信息植入到我们的记忆中去。

有一种观点认为，我们凭感觉认知世界的方式，是由数据驱动加工模型或者叫自下而上加工模型决定的。该观点的假设是外部世界在我们脑海中的反映，几乎完全是被基本感官接收到的信息决定、依照期望最低限度地呈现的。这是阐明感官工作原理的最好模型，因为我们大多的经历必须反映我们周遭的环境——否则我们就无法在生活中找到方向。

正如心理学家詹姆斯·吉布森（James Gibson）和艾莉诺·吉布森（Eleanor Gibson）所说（1995年）："刺激输入包含了认知对象的所有信息，也许所有知识都是通过感官获得的。"刺激输入过程就是外界信息通过感官进入大脑的过程；认知对象是认知过程发展出来的一个心理概念。比如你看见一朵花，看见花这个行为就是刺激输入，通过眼睛把刺激传输给了大脑；如果你不但看花，而且是全神贯注地看，你就是在感知这朵花，那么这朵花就成了认知对象。

吉布森夫妇的一篇论文叫作《感知学习：分化还是富集？》（*Perceptual Learning: Differentiation or Enrichment?*），试图说明大脑对感觉的解读不一定依赖过往的经历。用他们的话来说就是："没有证据能够证明记忆参与了这个过程。"也就是说，不论我们之前对花有没有概念，我们看到的花就是花，虽然我们可能不会叫它"花"，但是花瓣、茎、叶的样子都进入了我们的大脑。自下而上加工模型代表了我们对现实世界直观而准确的感觉，建立在感觉器官接收到的外部环境信息之上。

自上而下与自下而上的感知

大多时候，我们碰到的事情都是发生在一定的情境中的。所有人都有很多关于世界运行的复杂记忆和模式，表现出来就是直观的想法。我们几乎从来不会孤立地理解一个东西，反之，而是让记忆参与到解读和理解世界的过程中来。当我们看到一朵花，看到的不仅仅是颜色和形状，我们知道自己看到的是一棵植物的一部分，而且这个东西八成不能吃。我们也知道，这朵花存在于空间之中，遵从重力定律。这种解读相对简单信息的能力其实特别复杂，而且有赖于记忆。

关于从有限的输入外推出大量信息的能力，还有一个例子。想象你在画一个立方体，一张纸上简单几条线就能代表了——在大脑的解读下，这几条线代表的是三维立体图形。在现实生活中还有不计其数的三维立体图形可以用类似的线条组合方法来代表，我们只是从不去思考，为何一个平面上如此简单的线条"输入"就能让我们看到"立方体"。这是因为我们做出判断的依据不仅限于纸上的几条线。视觉系统通过我们对自然世界的经验的磨砺而进化，让我们可以理解周围的刺激，形成对世界的理解和预期。因此，当我们由几个线条的组合联想到三维立方体的时候，我们就是运用了自上而下加工系统做出的正确解读，而我们通过自下而上加工感知到的只有纸上的几个线条而已。

基本上，我们感知世界的时候，经常基于过往的经验来进行有根据的推测，这是我们得以生存的必要技能。从史前时代开始，人类就得根据有限的信息做决策。况且，我们并没有足够的时间来仔细检查身边那些看起来像立体的东西是否真的是三维立体的，于是我们走了一条叫作"合理解释"的捷径。我们觉得感知过程是流畅的，是因为大脑在不断地根据知识和经验进行有根据的推测，填补了信息差。

以第一印象为例。我们第一次见到一个人的时候会发生什么呢？我们是不是会把他们看作一个物品，根据他们每一部分的体貌特征判断他们是朋友还是敌人？当然不会。我在2013年发表过这方面的文章，当时我与三位来自英属哥伦比亚大学的记忆科学家一起工作，他们是娜塔莎·科尔瓦（Natasha Korva）、琳恩·坦恩·布林克（Leanne Ten Brinke）和斯蒂芬·波特（Stephen Porter）。我们感兴趣的问题是，感知上的偏差是如何影响法律诉讼的。具体来说，我们想知道什么会使一个人认为另一个人值得信任。可信任度是一个很难说清楚的概念。当我们见到一个人并思考能不能信任他的时候，感觉上是在做自下而上加工的决定——看到了能看到的所有信息和证据，从而做出理性的决定。然而，事实并非如此。

在我们的实验中，我们给实验参与者展示一个"嫌疑犯"的照片和一张关于他们"可能"所犯罪刑的简介。我们请参与者做陪审员，决定这个人有罪还是无罪。他们做决定的依据只有照片、简介和一套证据。照片、简介和证据是随意组合的，如果参与者是公平公正的，他们做有罪或无罪的决定就应当只基于证据，而不是照片。照片在预先筛选的过程中就被评估过，参与者看照片中人的外貌并给其可信任度打了分。

不出所料，参与者对看起来不可信的人更加严苛，而对看起来值得信任的人十分宽容。他们只需要看一点点证据就给看似不可信的人下有罪裁定，即便之后再有对"嫌疑犯"无罪有利的证据，参与者也不会更改自己的决定。即使证据相同，参与者的裁定也会随照片大相径庭。显然，参与者做有罪或无罪裁定时所依照的不是实际的证据，而是他们已有的偏见。

大多数情况下，记忆自动参与到猜测之中，或在有根据推测的过程中都是有益的，这使我们解读周围多变刺激的速度和准确度都有极大的提高。现在回来说第一印象的例子。研究表明——尤其是针对"切片"，即对别人几秒钟到5分钟的短时观察的研究——人们非常善于推断某些性格特征。

斯坦福大学的娜丽尼·安姆巴蒂（Nalini Ambady）和同事自1992年就在从事这方面的研究。他们的研究表明，人们非常擅长在极短的时间内猜对一个人的性取向、教学表现，甚至这个人欺骗别人的能力。不幸的是，在我所做的实验中，这种能力变成了带有偏见的法律裁决，是一种直观感觉和刻板印象致使无辜的人进监狱的情况。

过往经历的记忆不但影响我们对一个人行为的预估，而且会更多地影响我们对世界如何运作的理解——重力、维度、可能性等。就好像我们很容易被第一印象欺骗一样，我们也会被一般的感官错觉所欺骗，比如我在圣地亚哥科技馆看到的魔术表演。如果我们的感官感觉被误导而不自知，大脑为帮助我们理解世界而进行的猜测过程就会得出完全相反的结论，从而在我们的记忆中植入不正确的信息。

兴奋与记忆

你兴奋吗？从1到10，数字越大兴奋度越高的话，你给自己的兴奋度打几分？你觉得什么能使你更兴奋？

这话听起来可能有点像制作低劣的成人电影的开头，但也非常像某种典型的记忆研究。太典型了，以至于如果在谷歌学术搜索引擎中输入"记忆"和"兴奋"，你差不多能得到250 000条结果。

行了，别瞎想了，我们来说正事儿。当研究者说一个研究参与者"兴奋"了，意思是说参与者的心率、排汗量、瞳孔放大量或其他的生理指标有了较大的提高。研究表明，我们的兴奋水平在我们记忆编码、记忆储存和记忆检索的过程中起着主要作用。

从1990年以来有许多相似的实验，加州大学的拉里·卡赫尔（Larry Cahill）和詹姆斯·麦克高夫（James McGaugh）也想检测兴奋是如何影响记忆的。在他们所做的一项研究中（1995年），参与者被分配到了两个实验组——"中性故事组"和"感人故事组"。每组参与者都看相同的连环画，但听到的故事录音是不一样的。两个故事都是关于妈妈带着小儿子去公司看爸爸的，但在中性故事中，这位爸爸是一位汽车修理机械师；在感人故事中，爸爸是一位外科医生，正在医治车祸中受伤的人们。

两个星期后，研究者测试了参与者对故事的记忆，发现听感人故事的人平均能回想起18条细节，而听中性故事的参与者只能回想起13条。在接下来经过微调的实验中，研究者又一次发现听感人故事的参与者在故事记忆测试中表现更好。

由此显而易见，兴奋度的提升与记忆增强是相关的。如果我们回想最清晰的记忆，也是符合这个规律的：记忆清晰的事件都包含着情绪和感情。这很容易让人武断地认为，越兴奋就越有益于保存记忆。但是，我们还是谨慎为好。假如我考试的时候问本科生，他们不一定会同意这个结论，因为过度兴奋或过度惊慌会让我们大脑一片空白，忘记那些原本轻而易举就能想到的信息。"啊！我知道这个的啊！刚才竟然完全忘了！"这种话我们在考试后听到太多次了。与此类似的，如果兴奋度过低，比如考试的时候觉得无精打采昏昏欲睡，你也得不到什么好分数。

所以，理解记忆与兴奋度的关系时，我们应该更精确一些，可以利用耶克斯·多德森定律（The Yerkes-Dodson Law）来帮助我们理解。这个定律是罗伯特·耶克斯（Robert Yerkes）和约翰·多德森（John Dodson）在1908年提出的，表明：当兴奋度提升到一定的理想水平，任何工作的效率都会有所提高。然而一旦超过某一水平，更高的兴奋度反而会对工作效率有负面影响。也就是说在极端情况下——完全没有兴奋或者兴奋度极高——一个人是完全无法完成某项工作的。这个定律在图表上可以用一个倒U代表。工作效率刚开始随兴奋度的提升而提高，然后与之趋平，继而降低。这也是为什么这个定律被叫作"倒U假设"。

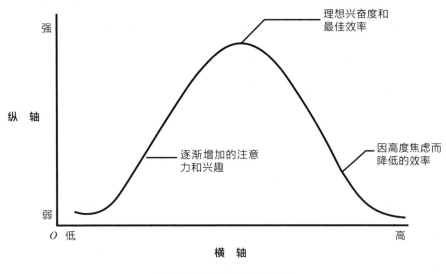

倒U假设与记忆之间的关系

在一次针对倒U假设与记忆之间关系的演示中，德国特里尔大学的托马斯·席林（Thomas Schilling）和同事发表了一项关于压力荷尔蒙皮质醇影响记忆效率的研究（2013年）。每当急性应激或兴奋激活下丘脑垂体时，肾上腺皮质醇就会被释放到血液中，然后输送到大脑的其他部分，调节我们的应激反应，决定应激反应的时间长短。

席林的团队首先要求研究参与者观看了18个男人的面部照片和他们的简单描述，比如"他在聚会上常常喝得酩酊大醉然后变得非常好斗"。当研究者确定参与者了解了相貌和描述之间的关系之后，就让他们回家了。一个星期以后，参与者回到实验室。这一次他们被注射了0~24毫克之间某一种水平的皮质醇（一共有5种不同的水平），然后接受了相貌和描述关联度记忆的测试。测试结果支持了倒U假设，适度水平的肾上腺皮质醇使记忆力表现提升，皮质醇超过理想水平后记忆力表现开始平稳下降。

倒U假设看起来的确是理解记忆力表现与兴奋度之间关系的很好的一般模型，但是这世界上并没有哪种方法是万全之策。美国心理学协会刊印过的一篇文章总结了这个现象背后的科学原理。在这篇文章中，南加州大学的记忆科学家马拉·马瑟（Mara Mather）和马修·萨瑟兰（Matthew Sutherland）声称倒U假设无法说明所有的问题。他们之所以这样认为，是因为"我们的发现表明，情绪激动会使感官容易感知到的感觉更加显著，从而让任何高优先级信息更容易被记住。与此同时，兴奋减少了对低优先级信息的处理。这种兴奋影响下选择性的增加适用于很多情况，并且可以解释为什么兴奋刺激有时候会削弱对其他刺激的记忆，而有时又会增强对其他刺激的记忆。"

换句话说，随着兴奋的增加，我们的记忆焦点会变窄，更善于记住事件中引起我们兴奋的关键信息，却记不住上下文情境信息。比如说，如果遭遇银行抢劫，我们记得最清楚的可能是有把枪指着我们，其他的恐怕很难记住。不幸的是，兴奋状态，比如恐惧，不一定总是令我们的关注点聚焦在之后需要回忆起的事情上。还以银行抢劫为例，记清楚抢劫犯的脸远远比记住被枪指着更明智，可是根据诸多"武器焦点效应"研究显示，兴奋使我们记住除了枪以外的其他细节难上加难。

事情远比研究显示的结果复杂得多，兴奋程度对记忆的影响会因一个人的具体特点，如年龄、性别、个性等有所不同。重点就是，没有哪一个单独的解释能完全涵盖记忆和兴奋之间错综复杂的关联。

我把兴奋和记忆之间我最钟爱的一种关联留在了最后。合理利用两者之间关联的方法之一，是"状态依赖记忆"。这是经过了无数次论证的现象，意思就是当我们处于与事件发生时相同的心理状态下，我们会回忆起更多东西。

1990年，英国伦敦大学学院的雪莉·皮尔斯（Shirley Pearce）与同事用两个异常有趣的实验演示了"状态依赖记忆"现象。第一个实验中，研究者同时让长期患有慢性疼痛症的病人和毫无病痛的健康人记住一个单词表，最终发现，患有长期疼痛症的病人记得最清楚的是与疼痛有关的词汇。这与"心境一致性记忆效应"是相符的，即我们更容易记住并回忆起与心境或心情一致的信息。但是这还不够，因为我们所处的具体状态是会变化的，所以皮尔斯和她的团队想知道一种暂时的心理状态是否会影响我们的记忆。

为此，他们在实验中给部分参与者施加了一定的疼痛伤害，让这些参与者把双手完全浸入冰水中，而其他参与者的双手浸入温暖舒适的水中。如果你从来没有把手放在冰水中过，那我可以告诉你，不管放多久，这都是极其超乎你想象的糟糕经历。浸水过程结束之后，参与者拿到一个单词表并被要求记住上面的词，之后他们又会要么痛苦地把手浸入冰水，要么舒舒服服地把手浸入温水，最后测试他们记住的单词。

研究者发现，如果参与者在回忆时处在与学习时相同的状态，他们的回忆表现会有相当大的提高。所以，如果学习单词表之前经历了"痛苦"的参与者，在回忆单词表之前再次经历相同的"痛苦"，他们的表现就会更好；学习单词表和回忆单词之前都把手浸入温水中的参与者的记忆表现也更好。遵循这个规律，如果我们知道在某种特定的兴奋状态下，我们学习了或者经历了什么事情，那么只要重现那种状态，我们就能更好地回忆起当时的事情经过。不喜欢冰水浴？那还有个较温和的选择：如果你在学习之前总要喝杯咖啡，那么考试之前喝杯咖啡会让你的记忆力变得更好。

所有这些研究都清楚地表明，**压力水平和兴奋水平对于我们的记忆储存能力，以及回忆能力起着非常重要的作用。我们的记忆不但会受到外界环境中不可控因素的影响，同时也会受到身体内部环境中不可控因素的影响。**

时间旅行者

另外，有赖于我们的兴奋和情绪状态的，是我们对时间的知觉。众所周知，我们越是兴奋激动，时间就好像过得越快。譬如"开心的时候时间飞逝""像眼睁睁等着油漆变干"，这种俗话说明对一件事情的专注度会显著影响我们彼时对事情的记忆。

想一想，你读完上一段话花了多长时间？时间长不长？给你规定个时间读完吧？10秒钟？1分钟够不够？你能精确到秒吗？你觉得你回答这个问题的依据是什么？你是怎么知道你需要多长时间读完的？

我们当然不会问自己这种问题，而是对时间知觉习以为常，不以为意。我们也总以为身体里有客观而神奇的生物钟，让我们能比较准确地感知时间。但是，如果我们仔细想想，当我们在做自己讨厌的事情时，会觉得时间过得太慢，甚至难以忍受，而愉快激动时觉得时间"嗖"地一下就过去了，我们离真相就不远了。

提到四维空间的某些时候，时间可以被当作首要的内在现象，它的特点是线性、序列性、多变性，可以增长也可以缩短。我们主观的时间知觉叫作"时间感受性"（Chronesthesia），神经生理学、心理学、物理学等领域都在研究这一课题。所有这些学科的研究都显示，也许记忆是我们感知时间能力的关键所在。

众多研究的其中一支认为，我们感知时间的流逝是通过个人时序感完成的。换句话说，我们记得事情发生的先后顺序，由此获知事情发生的时刻与持续的时间，为此我们必须记住发生的事情是什么，发生的先后顺序是什么。时间就是记忆，记忆就是时间。

诺贝尔奖得主、行为经济学家丹尼尔·卡尼曼（Daniel Kahneman）和阿莫斯·特沃斯基（Amos Tversky）做了大量关于我们如何估计时间的研究，特别关注记忆中事件的时间感。他们说很多人，特别是那些很难进行时间预测的人，都会有"计划谬误"，意思是这些人过于关注"单一"信息，也就是单线程任务。

比如说，如果你是一个医生，要估计一位阿尔茨海默病患者还能活多长时间，有关联的单一信息应该包括这位患者的年龄、病情严重程度和患者的既往病史。这些都是重要的信息，但它们只有在被放在分散信息的语境下才真正有用。分散信息指的是范围更大的信息集合，包括一般情况下70岁的阿尔茨海默病患者普遍能活多久。单一信息让你知道这位患者可能与其他患者有何不同，以及他自身独特的风险因素是什么。分散信息集合可以用来根据类似患者身上的普遍情况进行预测。

分散信息集合的建立当然有赖于你记住并回忆过往类似病人病情的能力，并且了解到阿尔茨海默病人的平均预期寿命是8~10年。拥有把单一信息放置于分散信息集合中进行研究的能力，极大地改善了我们准确预测事情未来持续时间的能力（或者就像在这个例子中，预测病人还可以活多久）。

我们都有这样的朋友（或者家庭成员，或者同事），他们组织事情或者计划一天的行程总是一团糟，就是"哎呀到那里只需要五分钟嘛！"这种人。我们可能会说，这类人在估计时间的时候太"乐观"，或者也会说，他们很可能根本不记得以前做某件事实际上需要多长时间。他们更不善于运用他们的分散信息集合，去问一问自己："一般来说我需要多久才能到那里？"谷歌地图的确说只要五分钟就够了，但这五分钟可没算上他们梳头找钥匙穿大衣下四层楼到了地方找门铃的时间。记忆科学关于这种预估不充分性的观点是，人们经常迟到是因为他们的记忆和时间感知系统使他们对过往经验的感知能力很差，他们的前瞻性记忆——根据过往经验来计划未来事情的能力——也很差。

那么总的来说，我们有多擅长于估计做一件事情需要多长时间呢？在一篇前瞻性记忆研究综述（2010年）中，加拿大威尔弗瑞德劳瑞大学的罗杰·比勒（Roger Buehler）等人着眼于这样一些研究：研究人员让每个人估计一下自己做某些事情需要的时间，然后让被问者估计一下别人做同样的事情需要多长时间。他们发现，人们在做出预估的时候一般比较乐观，倾向于低估或忽略以前没能按时完成某事的失败经历，从而少计算了完成事情实际需要的时间。换言之，我们好像觉得未来的自己是超人，做事情快得很——新的自己做事情又高效又出色，即使以前的你又慢又懒。

我们也许还记得自己也这样想过，打算第二天早起跑个步，吃个早饭，中午之前把某个工作做完，开一个很有效率的午餐会议，回复完所有的电子邮件，去看牙医，上瑜伽课，做一顿有五个菜的晚饭，打扫卫生，跟朋友出门喝酒，然后回家，好好睡一觉之前销魂地翻云覆雨一番——把一天安排得满满当当。这样的一天什么时候真的发生过？可我们还是在晚上一次次地对自己说："明天就这么过！"

我们之所以估计时间的时候乐观得不可理喻的另一个原因，是我们记得完成每一项独立的任务需要多长时间，但是却忘了任务切换与衔接所需要的时间有多久。而且，我们忘了一段时间的全力工作后，我们的认知资源几乎会被消耗殆尽，在高效地展开下一项工作之前需要再次补充。简单来说，我们记得完成事情所需时间的某些要素，却忽略了其他要素。

除此之外，根据罗杰自1994年以来的研究，以及他与同事在2010年所做的文学综述，我们只会把自己当作未来的超人。当估计别人做事情的效率时，我们其实相对悲观一些，觉得别人需要更长的时间来完成某项任务，预言会有各种困难导致任务无法按时完成。这个领域的研究者已经发现这个效应适用于对不同任务的估计，表明我们对于预估别人的前瞻性记忆能力，也像预估工作和自己那样差——我们总会过多估计朋友做完工作来跟我们见面喝咖啡所需的时间。

至于我们的自传式记忆，指的是每当我们解码关于一件事的记忆——不可避免地要牵扯到与时间有关的持续时长、发生时序的部分——你是在通过感觉那天发生了多少事情，以及其他偏颇的因素在进行解码。**时间并不是客观的，像其他所有事物一样容易因主观臆断产生偏差，这些最初的偏差正像这一章节里提到的其他感知偏差一样，经由它们的接收器给我们的记忆涂上了颜色，歪曲了记忆的原貌。**

可伸缩的时间

对时间感知有正确的估计，这对于所谓的回顾时间至关重要，这与我们事后对事件持续时间的感觉有关，比如估计自己玩游戏玩了多长时间。

"直观上来说（没有思考或者计时），我印象中这一段游戏玩了＿＿分钟＿＿秒"，这是加拿大拉瓦尔大学的西蒙·托宾（Simon Tobin）和他的研究团队对100多名参与者问过的问题之一（2010年），参与者都经常玩游戏。他们让参与者来实验室玩一段游戏，想看看这些人针对打一段游戏所需时间估算得怎么样。研究发现，如果游戏结束之后立即询问参与者，实际12分钟的游戏在玩的时候会让人感觉玩了17分钟，也就是说，他们估算的游戏时间是实际游戏时间的1.4倍。实际花费35分钟或58分钟的游戏并不会让参与者有比实际时间更长的感觉，他们对长一点的游戏时间估计更准确，几乎是精确。所以，我们对短暂事件的时间回溯相当不靠谱。

回溯性记忆（Retrospective Memory）使你记得浪费了多长时间打电脑

游戏，除此之外，回溯性记忆也使你能够记得你的整个生命时间线。凭借回溯性记忆，你可以计算一件事情持续了多久，事情之间的间隔是多久；回忆往事时准确说出某件事情发生的时间，于是我们知道相对于今天，最近的某件事情是什么时候发生的，是今天早上还是十年前。回溯性记忆使精神时间旅行（Mental Time Travel）成为可能，让我们得以回头看看过去的自己。

帮助我们回溯记忆的线索之一是历史大事件，如1963年的肯尼迪机场大屠杀事件，2001年的"9·11"事件，2014年俄罗斯入侵乌克兰，等等。把自己人生中的事情放置在更大的历史事件时间线上来，记忆会变得更加容易，比如说，我去古巴旅行休假是在"9·11"事件之后，俄罗斯入侵乌克兰之前，这样我们在讨论自己的经历时就把时间范围缩小了。历史大事件也可以是个人的事情，像高中毕业、结婚这类事情都可以叫作人生大事件。所以，你完全可以记得自己是在毕业之后结婚之前去的古巴，而不是参照人类社会的重大历史事件。

话说回来，我们估算大事件时间这件事本身也很令人着迷，因为我们有时也会记错这些重要事件的时间。这种现象对于研究不同人的时间估算能力是很有帮助的，因为确认个人人生大事件发生时间的难度，比确定公认的社会大事件时间的难度要大得多。至少伦敦经济学院的乔治·格思卡尔（George Gaskell）和他率领的团队是这么认为的。

2000年，他们公布了该领域最大范围的调查之一，涉入调查的2000多名参与者都参加过1992年的人口普查。该调查是为了研究英国大众对历史大事件的发生时间了解得如何，他们采用了两个大事件：一个是玛格丽特·撒切尔（Margaret Thatcher）夫人成为英国首相，这发生在该调查研究开展19个月前；另一个是发生在调查研究开始前37个月的希尔斯堡足球惨案

（Hillsborough Football Disaster）①。他们想知道公众是否准确了解两个事件发生的月份，或者最好能说出具体日期。

调查研究的结果非常有意思，只有15%的人准确说出了撒切尔夫人上任的时间，而说出希尔斯堡足球惨案日期的人只有10%。不管是什么年龄段的人，表现都一样糟糕，所以对于铭记历史大事件的发生时间，参与者的年龄不是一个重要的影响因素。绝大多数的参与者都产生了时间位移，或者叫"时间伸缩"，我们都有这种倾向。具体来说，我们总会觉得最近发生的事情是很久以前发生的，反之亦然，总觉得很久以前发生的事情"仿佛就发生在昨天"。

乔治与同事针对时间伸缩的研究发现，大多数人觉得两个事件发生的时间比事情实际发生的时间要晚（前进缩减），更靠近现在。但也有很大一部分人会觉得两个事件发生的时间比实际时间要早（后退延伸），距现在更遥远。撒切尔夫人上任英国首相是更靠近现在的，发生在调查研究之前的1年半，参与者中的40%发生了"前进缩减"，31%发生了"后退延伸"。至于发生在3年多以前的希尔斯堡足球惨案，结果则完全相反，"前进缩减"的占29%，"后退延伸"的占了42%。尽管这些效应在其他研究者的研究中也有不同形态的呈现，但所有研究者都同意一个观点，那就是在估算记忆中事件发生时间的过程中，我们都倾向于把某些事件推得更久远，而把某些事件拉得离今天更近。

确实，当记忆回溯三年前的事件时，偏差就出现了。我们感觉是最近三年之内发生的事情，其实发生在更久远的时间，而实际发生了三年以上的事

---

① 译者注：1989年4月15日，在英格兰谢菲尔德希尔斯堡球场发生的人群踩踏事件，丧生的96人都是利物浦球迷。

情感觉起来却像最近刚发生。时间伸缩现象的成因是记忆偏差复杂的内部作用，很难讲清楚。但是"前进缩减"现象，也就是觉得某些事情仿佛就在昨天这种感觉的成因之一，是大事件回忆起来非常容易。我们总是轻松记得人生中的重要事件以及其细节，就像记得最近刚发生过的事情一样。因此，我们把记忆的牢固和细节的生动清晰当成事件刚发生不久的解释。

大事件是我们记忆时间线的重要依靠，但它们却充满可预见的误差；它们能帮我们在个人年表中进行定位，却时常不靠谱。由此看来，我们不但不善于估算做一件事需要花多长时间，也不善于估算刚做完的事情花了我们多长时间，而且回忆也会跟我们开玩笑，把我们人生中经历的重要事件提前或者延迟。

怀旧性记忆上涨

让我们多做一些关于人生时间线的思考。穿梭于记忆中的时候，我们会发现有些事情比其他事情记得清楚得多。如果我们想一想这类记忆的共同点，会发现最清晰的都是最情绪化的、最重要的、最美的或者最意想不到的。我们也会发现有些记忆会大量聚集，而且似乎总是在某一段时间内的记忆聚集在一起。

这种现象叫作怀旧性记忆上涨，或叫回忆高峰（Reminiscence Bump），而且可以用来解释"还是过去好啊"和"我像你这么大的时候"的评论。怀旧性记忆上涨的意思是，我们对不同年龄阶段的记忆并不平均。2005年，阿姆斯特丹大学的史蒂夫·詹森（Steve Janssen）带领一个研究团队，进行了一项2000人参与的研究，参与者来自美国和荷兰，年龄分布在11~70岁之间。他们试图回答一个问题："哪些记忆会留存一生。"

研究结果显而易见，10~30岁之间的记忆留存的时间最长。这支持了他们之前的一些研究结论——大多数人对5岁之前没有什么记忆；5~10岁之间的记忆开始增加，到青春期晚期（不论男女）记忆达到一个峰值，这个峰值会一直持续到二十几岁早期，然后开始减少，在接下来的几十年稳定下来。因此，我们保留最多的是青春期和二十几岁时的记忆。

这个效应是全世界共有的。英国杜伦大学的马丁·康威（Martin Conway）2005年所做的一项研究显示，不论你来自日本、中国、孟加拉国、英国还是美国，每个人都有一样的"回忆高峰"。

不过话说回来，尽管我们在这一关键时期的回忆密度都相同，但是这个时间范围内回忆的性质会因你所处文化的不同而不同。中国参与者偏爱与社会情景相关的组织和事件的记忆，讲述的回忆大多关于孩子出生、与邻居同事互动、亲密关系等主题；美国参与者的回忆大多是自我中心的事件，更多地讲述自己的成功、沮丧、恐惧、噩梦等个人主题。因此，全世界的"回忆高峰"是一样的，不一样的是回忆的内容，而我们最宝贵的人生经历总是与我们所生活的文化圈密切相关。

"回忆高峰"，即怀旧性记忆上涨形成的一个解释，可能与我们真正自我意识的出现有关，这也是一个非常普遍的现象。你什么时候会形成一个稳定的身份认知呢？女性一般在13~14岁之间第一次形成自我意识，男性大多是在15~18岁之间。这两个年龄区间恰好是回忆高峰的峰值时期，至少史蒂夫·詹森的研究团队是这样认为的。

这个时期的记忆是能够定义我们的重要记忆，使我们成为我们现在所成为的人。而且不管这些记忆是否含有记忆误差或偏差，都不妨碍我们把它们珍藏起来，铭记一生。

然而除去这些记忆的重要性不说，别忘了我们的记忆内部是会有瑕疵的，因为我们的感官很容易被欺骗——被视觉错觉或幻觉欺骗，被兴奋水平影响，甚至因感知时间的能力差而被误导——这些因素还都只是冰山一角。我们每一个感官能力都不是完美的。我们的视觉、听觉、味觉、热度知觉、触觉、前庭平衡感觉、在空间中的本体感觉——所有这些感觉都有可能被欺骗。

哲学家乔治·伯克莱（George Berkeley）说："esse est percipi"（存在即被感知），只有对现实的感知才是最重要的。意思是说，**我们对现实的错误感知会被植入记忆系统，并在以后会被回忆起来，尽管这些回忆根本无法客观地反映现实。**真实的情况是，很有可能我们的每一段记忆——哪怕是最清晰的——从形成的那一刻起就包含了感官误差和错觉。

第 3 章
与蜂共舞

为什么大脑生理机能会使我们的记忆误入歧途

你想读一本关于记忆的书，却不想看到太多大脑生物学词汇？并非你一人如此。那么，请你跳过这一章吧，如果你不想深陷于动物研究、生物化学、记忆理论史的泥沼中的话。不需要了解这些话题，你一样可以理解后面几章的内容。但是，如果你真的喜欢这些能展示记忆到底是什么的科学话题，请继续读下去。如果你选择继续，我现在向你介绍凯瑟琳·亨特（Kathryn Hunt）。

凯瑟琳·亨特穿着养蜂服，从头到脚全副武装，慢慢走向满是欧洲熊蜂（大黄蜂）的蜂房。成千上万的蜜蜂飞舞着，她开始怀疑自己为什么要进行这个活动了。它们的确挺可爱，是蜜蜂中最圆挺最毛茸茸的品种，一般不具攻击性，但是走向那么一大群黄蜂，还是会让人禁不住感到些许紧张。这是一项惊心动魄的实验，会成功吗？

亨特不必担心，她的研究成果是具有开创性的。在进行这项研究的时候，她还是伦敦玛丽女王大学一名积极进取的研究员，研究动物的行为决策，主要关注记忆的变化是否与某些特定的行为有关，并可以预测，而不是随着时间的推移平稳地下降。她之前研究的是动物如何被环境影响，又是如何与环境互动的。这个领域叫作认知生态学，她在该领域曾研究过古比鱼的饮食偏好和切叶蚁的觅食行为。直到开始与当代蜜蜂研究的领军人物拉尔斯·奇卡（Lars Chittka）合作，她的注意力才转向了大黄蜂。

亨特和奇卡想试试看能否给蜜蜂制造一些虚假记忆。他们于2015年发表在《当代生物学》（*Current Biology*）期刊上的研究，目的是演示一些被认为是虚假记忆产生根源的重要生理过程。蜜蜂有着高度进化的社会生活、复杂的交流系统和卓越的学习新信息的能力。它们的记忆工作原理与我们人类非常相似，所以研究蜜蜂能帮助我们更好地研究人类的记忆。

上文提到的欧洲熊蜂，是已知对颜色和形状有高度发达记忆力的蜂种，对特定品种的花有着出色的记忆力，并且拥有同一时间记住多个事物的能力——简而言之，欧洲熊蜂的记忆力异常强大。研究人员想知道的是，经过人为干预，欧洲熊蜂这种强大的记忆力是否会从优势变成一种劣势。

研究者把蜜蜂分别与两种含有香浓花蜜的花放在一起，一种是有黑白环状条纹的花，一种是鲜艳的黄色花，然后蜜蜂采蜜时把花蜜和花朵关联起来。几分钟之后，在接下来的测试中，蜜蜂有三种选择：黑白环纹的花、黄色的花和一朵新的黄色带黑环纹的花。但是蜜蜂几乎不去采集新加入花朵的花蜜，而是准确地选择最近刚采集过的两种花，它们呈现出了准确的短期记忆。

但是一天或三天之后再测试，一些蜜蜂开始偏好这朵新的混合花（既是黄色又有条纹）——虽然它们从来没在训练中见过这朵花或采过这朵花的花蜜，只在该次测试中见到了。实验结束时，大约一半数量的蜜蜂更偏爱采集混合花的花蜜，而不是另外两朵。

在此基础上，有些人可能会得出一个结论，认为蜜蜂行为上的错误是由于它们没有学习到哪些花有可靠的花蜜，也可能是由于它们学习到了但是忘记了。如果蜜蜂只是单纯地忘记了哪些花有花蜜哪些没有，那么它们选择三种花的平均频率应该相差无几，而不是表现出明显的偏好。与那些人看法想反，亨特和奇卡把蜜蜂的行为理解为虚假记忆的一种发展——蜜蜂对于两种不同的花的记忆混淆了起来，因为两种花的特征都能与有花蜜联系起来，于是一种合并的虚假记忆诞生了，并对他们的真实行为产生了影响。

地球上的所有生物都面临着相同的生存危机——必须获取食物、社交网络、配偶——而且研究表明，这导致昆虫、其他动物以及人类都产生了许多认知特征上的重叠。这样看来，蜜蜂记忆的错误很有可能并不局限于蜜蜂群中。就像亨特和奇卡所说的那样："系统的记忆错误在动物中可能是广泛存在的……对于各种各样刺激的记忆痕迹会合并，在不同的训练中习得的特征在动物的大脑中组合在了一起。因此，在动物回忆的过程中，那些从未见过却合并了训练时习得的不同特征的刺激，就会被动物选中。"混合记忆是所有物种的惯例规则，但这一观点也是有争议的。

对于蜜蜂或者其他任何动物来说，进化出"制造错误"的记忆能力似乎总让人难以置信，毕竟在自然选择中，对生存具有潜在致命威胁的能力倾向是无法逃过被淘汰的命运的。一个可能的解释是，允许记忆产生这类错误的系统，同时会给我们带来更大的好处。要知道这些好处是什么，我们得对记忆生理学有更多、更深刻的了解。

可塑的大脑

我们究竟是如何在大脑中储存一段经历，或者进行思考的？自从我们刚开始相信这个世界上没有鬼魂或灵魂（就算有，也应该不是我们大脑的延伸）的那一刻起，这个问题就一直深深令我们着迷。如果没有灵魂，那么所有的信息都必须储存在大脑里。舍弃二元论（认为思维与身体是分离的），选择一元论（认为所有思维活动源自大脑），掀起了了解大脑的物理工作原理的世界潮流。

著名的二元论者、哲学家笛卡尔相信，灵魂与身体的互动是通过松果体进行的，松果体是一个豌豆大小的结构，靠近大脑的中心。今天，大多数科学家一致认同，人的意识与无实体的灵魂没有关系，而是大量复杂的物理系统作用的结果（尽管我们还不完全清楚它们究竟是如何运作的）。多亏了现代科技，包括像功能性磁共振成像技术（fMRI, Functional Magnetic Resonance Imaging）、脑电图扫描器（EEG, Electroencephalography），人类有史以来第一次能够在活跃的大脑感知世界的时候检测它们，而不必再解剖尸体或者进行个案研究了。

大脑的可塑性和适应性是令人难以置信的，它们之所以被创造出来是为了适应有太多不确定因素的世界并做出快速决策，让我们在严酷的环境中得以生存下来。正如蜜蜂研究专家亨特和奇卡认为的那样："如此普遍的虚假记忆的存在带来了一个谜题：在必须选择正确记忆的压力下，这种系统错误是怎么在漫长的进化过程中保留下来的呢？有一种可能性是，记忆偏误是我们适应性记忆副作用的产物。"因此，混淆记忆是大脑能够改变、学习、推理的副产品，从这个意义上来看，蜜蜂把出产花蜜的花朵特征搞混淆是一件好事情。记忆偶尔犯的小错误，与它更重要的作用相比起来真是不值一提。

大脑的这种适应性叫作神经元可塑性，是我们能拥有记忆的根本原因。大脑中的细胞叫作神经元，神经元与神经元相互联结形成有意义的网络，这些网络随着我们经历的更新而改变。如果我们不能把新信息加入已存的神经元网络中，就不能根据新证据来改变我们的思维方式或者行为方式，在处理环境中的变化时我们就会困难重重、束手无策。也正是通过这个过程，我们才能够把与别人有关的积极和消极的经历储存进大脑，从而辨别谁是朋友，谁又是敌人。

基本上每当我们有了一段新的经历，就会形成一段新的记忆，这段记忆在大脑中的存在形式就是神经元网络。实际上，这可以是一段语义记忆，比如像"2015年，奥巴马是美国总统"这种。也可以是一段自传式记忆，像"我去伦敦看了一场表演"这种。再或者，也可以是某次做决定的过程，比如你是如何解开一个谜语的。无论是哪种类型的经历以记忆的形式存在着，都需要在你的大脑中形成一个物理的表现形式。

今天，我们对上述现象已经了解得非常多，因为技术上的进步，比如功能性磁共振成像技术允许我们给大脑的内部拍照，使我们能够在人类历史上首次看到活生生的记忆是什么样的。这类技术的进步让研究者们能够研究记忆过程内在的生理机制和化学机制，并且对有关记忆形成的物理理论进行检验。仅仅相比十年前，我们对记忆的了解程度已经有了极大的提高，并且能够为记忆绘制出一个"从生到死"的完整图景了。

神经元与记忆

一段经历被储存为物理记忆表现形式的过程，叫作生物冲压。为了把新的经历冲压为长期记忆，需要一种生化合成物把大脑中已有的神经元联系起来。

神经元细胞有一种纤细的触手，叫作树突。树突使神经元能够伸展并与其他神经元接触，它们上面的树突棘的作用就像触手之间的交流中心。每一个神经元内部通过电脉冲传递信息，神经元之间则通过化学物质（递质）经由突触进行信息传递。突触是两个神经元之间的裂缝，是传输器也是接收器。强大的记忆力主要是信息持续从一个细胞流到下一个细胞的结果。这样的通信交流是通过一种化学介质实现的，叫作"神经递质"（Neurotransmitter），它告诉神经元细胞应该做什么，尤其是告诉神经元是应该更加活跃还是降低活跃度。我们可以把神经元想象成两个机场，飞机

（神经递质）在两个机场之间飞来飞去。根据突触上的飞机跑道（接收器）的空闲情况的不同，有些飞机可以降落而有些不行。这样做可以控制神经元之间的信息流，保证我们被高度刺激时，神经元不会被烧坏。

我还记得，教过我的一位教授用一种难忘的、可爱的方式现场给我们演示突触和与它相关的细胞的概念。他站在坐满200个学生的大教室中间，耐心地等我们把注意力都放在他身上。

"我是一个神经元，"他不带任何感情色彩地说，伸展双臂站成一个"T"型，"这是我的树突。"然后他张开了原本握成拳头的双手，活动活动手指说："这些是我的树突棘。"他把几个学生叫了上去，让他们像他一样站在身边。然后他把手指伸向旁边学生的手指，只留下一点点距离，说："这些是我的突触。"最后，他抓住学生的手晃了晃，模拟电冲动从他这个"神经元"流动到学生"神经元"的过程。

我们的大脑中已存在的神经元细胞大约有860亿之多，记录一段记忆要做的就是在这些神经元之间调整并建立新的联系，而不是创造出新的神经元细胞来。虽然神经元联系中的每一个部分都可以修改调整，但是研究者认为形成记忆的最重要、最关键部位是突触。

长时程增强效应，是指神经元细胞之间的联系由于突触的强化而变多的过程。这种强化过程之所以会发生，是因为神经元彼此之间不断地被强烈地或重复激活。举例来说，当你人生中第一次去了西班牙的海滩，感觉非常放松，这就会激活"海滩"网络中的神经元，也会同时激活神经元网络中的"西班牙"和"放松"的部分。如果一段经历对激活这些联系的影响足够强大，或者类似的经历重复地激活这些联系，那么在这部分神经元网络之间就会形成一个长期的联系，比如，联系起"西班牙""海滩"和"放松"的一段记忆。

这个领域最杰出的研究者之一是米歇尔·博德里（Michel Baudry），他从生物化学的角度解释了记忆到底是什么，在理解记忆的道路上带领我们走出了至关重要的一步。2011年，他在南加州大学和团队发表了一份他们25年来研究成果的回顾总结，把记忆的生化原理归结为两个主因：第一是叫作长时程增强效应的过程；第二是一种叫作钙蛋白酶（钙离子依赖性蛋白水解酶）这类物质的影响。博德里及他的团队说，大脑中有一种蛋白质，能使突触产生与记忆相关的具有持久性的改变，而这种蛋白质需要钙来激发。当神经元之间的某种联系被重复激活，或被强烈地激活，比如不同记忆之间的联系（公园和树），钙蛋白酶就会在同一位置被激活。钙蛋白酶之后会改变突触的结构，使大脑中被激活的记忆细胞之间形成更加强大的联系。这样看来，似乎只有当钙蛋白酶出现并产生作用的时候，我们简简单单的经历才能蜕变成持久的记忆。

被阻断的记忆

研究这个现象的人，还有埃里克·坎德尔（Eric Kandel）。我从来没有跟这位记忆研究的领军人物、诺贝尔医学奖获得者见过面，但是我追踪他的研究已经好多年了，他的论文、教科书、自传和采访，我全都看过，这让我觉得自己像认识他一样。坎德尔1962年开始对海蛞蝓着了迷，于是他与纽约哥伦比亚大学的同事、学生们展开了对一种海蛞蝓（海兔）的研究。海兔的英文名称是Aplysia，是古希腊语中"海"和"兔子"的合成词。这种海蛞蝓之所以被叫作海兔，显然是因为它们头顶上黏糊糊的小突起看起来像极了兔子的耳朵。

坎德尔把海蛞蝓作为研究对象，是因为这种生物用来记住经历并做出反应的神经元系统比较简单。举个例子，如果你在实验中挤一只海蛞蝓的腮，海蛞蝓就会产生"把腮收回去"的反应。参与这个反应的神经元细胞可以被分离并提取出来，并且能以极快的速度生长。只要把这些神经元细胞保存在试管中，再把试管放置在充满氧气的维持生命液体中，它们就能离开宿主大脑存活下来。

神经元细胞存在的唯一目的就是建立联系并形成大脑，因此被分离出来的神经元细胞马上开始搜寻其他的神经元细胞来建立联系。为了达到这个目的，它们会长出更长的树突，产生更多的突触，就像坎德尔所说："就在一天之内，新的突触就这样在你的眼前生长出来了。"如此之快的生长速度，比人类神经元细胞的生长速度快得多得多，所以，海蛞蝓就成了研究记忆在细胞内部和细胞之间形成过程的理想选择。而且，因为人类与这些无脊椎生物的神经元活动几乎完全相同，研究它们对研究人类记忆有着直接的意义和效用。

海蛞蝓在过去几十年中教给了我们无数知识，对我们今天的记忆研究有着巨大的贡献。最近的一项研究发现（坎德尔的实验室于2015年发表在系列论文中）是：在负责长期记忆的蛋白质中，有一种蛋白质与其他大多数蛋白质都不同，叫作"朊蛋白"。

朊蛋白，也叫朊病毒，或称蛋白质传染颗粒，会以独特的方式折叠、重塑，发生构型上的改变。它们的另外一种显著属性是，既可以独立成活，也可以形成链条成活，这些链条能自动激发临近的细胞加入其中，组成一个实体链接。2015年朊蛋白的形象被更新之前，我们只会把它跟阿尔茨海默病和疯牛病等疾病联系起来。朊蛋白的形象实在太差了，以至于坎德尔得先把人们潜在的负面反应清除掉，才能继续解释朊蛋白在记忆中的关键作用。

朊蛋白在记忆形成过程中的关键作用是稳定那些组成长期记忆的突触，

从而提高物理变化的性能，这些变化由于长时程增强效应和钙蛋白酶的汇入早已在大脑中存在。钙蛋白酶就像突触的建筑师，规划信息应该如何交流；而腕蛋白是建筑工人，让变化更永久。

但是某个联系一旦形成，并不意味着能永远保持下去。钙蛋白酶和腕蛋白可以随时回来在这个联系上做出改变。2000年，纽约大学的研究者卡里姆·乃德（Karim Nader）、格兰·斯卡夫（Glenn Schafe）、约瑟夫·勒·杜克斯（Joseph Le Doux）检测了记忆碎片随生化水平改变而改变的问题，并在老鼠身上进行了一项实验：让老鼠听到某一个调值的声音，然后对老鼠电击。不久之后，如果老鼠听到了同样的声音，就会立即恐惧得呆住。这表明某声音与痛苦电击有关联的记忆成功地在老鼠的大脑中产生了。

因为学习对某一种情况或某一个地方产生恐惧的过程是与情绪反应有内在联系的，所以老鼠的恐惧记忆应该储存在杏仁核内；杏仁核位于大脑的中心，看起来像两片杏仁，分别在大脑的两个半球内，主要负责情绪。在下一阶段的实验中，研究者还是给一些老鼠听这个声音然后电击，不同的是，他们在老鼠被电击之后，马上给老鼠的一个杏仁核内注射一种叫作茴香霉素的化合物，抑制蛋白质——比如钙蛋白酶——的合成。这次他们发现，老鼠再次听到那个声音之后没有恐惧反应了，也就是说，老鼠已经不能对恐吓他们的东西形成长期记忆了，因为茴香霉素阻止了它们大脑中蛋白质的正常工作；这进一步证明并强调了该蛋白质在形成记忆的过程中起到的关键作用。不过这种阻碍必须迅速地介入，因为记忆冲压过程几乎在一个学习过程或个人经历之后立即开始。

这还没完。一个星期或14个星期之后，研究者又给已形成声音与电击关联的老鼠听同样的声音来激活它们的恐惧记忆，但不给老鼠电击。这时，如果这些老鼠被注射了蛋白质阻断剂（茴香霉素），它们就不会对声音做出任何反应，就好像它们的恐惧记忆在刚形成时就被阻断了一样——它们的记忆被销毁了。每当老鼠接收到激活恐惧记忆的刺激时，激活过程都会被研究者注射的化合物所阻断。

另外，老鼠只有在回忆过程中被注射茴香霉素才会忘记声音与电击的关联，如果不给老鼠播放声音来激活电击记忆，那么注射茴香霉素就没有任何作用。这说明单独使用茴香霉素并不会使任何记忆凭空消失，而似乎是大脑中激活的记忆与该物质的相互作用才会导致此记忆的消除。如果在一个人回忆一段长期记忆之后或回忆期间，马上给他注射这种蛋白质合成抑制剂，这段记忆的巩固过程就会被阻断，他的大脑中的这段记忆就不复存在了。

由此，现在有一种关于记忆的生化理论非常流行：提取诱发遗忘——我们在回忆的时候就在遗忘。每当我们回忆事情的时候，我们似乎是在巩固一段记忆，使它更牢固更准确，然而真相并非如此。事实上，**我们每次回忆的过程，都是记忆被有效提取、检查、重建并重新储存的过程**。这就像是保管很多的文件索引卡片，抽出来一张看一看，扔掉，拿一张空白卡片把信息再抄一遍，然后把这张新卡放回到原来那张卡的位置上。每次我们回忆任何一件事情，这个过程都会发生。

2013年，爱荷华州立大学的杰森·陈（Jason Chan）和杰西卡·拉帕歌莉娅（Jessica LaPaglia）在人类身上探索了这一现象。他们通过一系列的实验，演示了每次参与者回忆储存在长期记忆中的经历时，上述那种"编码—储存"的循环过程就会重复出现。他们在实验中只采用采访的方式，不使用任何药物。在其中一次实验中，他们给参与者看了一个虚构的恐怖袭击视频，然后让参与者回忆视频中发生了什么事情。参与者正确地回忆出视频中的事件——恐怖分子用皮下注射器袭击了飞机乘务员——之后，研究者就给他们错误的信息——恐怖分子用的不是皮下注射器，而是电击棒。

后来，研究者让参与者再次回忆这个视频，参与者说出的是错误的信息（电击棒），而且想不起来正确的细节（注射器）了，研究者认为这意味着新的信息实际上替换了原来的记忆。所以，如果不当的采访使不准确的信息介入了，就会导致大脑中记忆冲压的重新构建，完全不需要药物等的作用。这就是为什么提取过程如果被打断，就会诱发多种形式的遗忘，使得每一件事情在每次被回忆的时候都变得脆弱、易扭曲，而且容易被遗忘。

另外一种通过生化干预阻断老鼠或者人类记忆的方式，是一种众人皆知的药物，大家都比较熟悉它被交易时使用的名字：迷药。

迷药对记忆的影响

所谓的"迷药"一向是社会讨论的焦点，它对我们的心理状态只有一点点有害影响，却能暂时摧毁我们形成新记忆的能力。迷药，药物学名称是氟硝安定，是苯二氮卓类药物的一种。"苯二氮卓类"与酒精或海洛因等其他药物会产生混合作用，所以常用于娱乐助兴。在非娱乐的情况下，常用作抗焦虑、抗惊厥、肌肉放松、睡眠诱导药物，在抢救室中，苯二氮卓类常用作病人的镇静剂。在犯罪语境中，它们以"迷奸药"的名字臭名昭著。

简而言之，苯二氮卓类是一种抑制剂。我们很多人肯定听说过，酒精也是一种抑制剂，这可能会让人想起在酒吧里握着酒瓶独自哭泣的人们。在现实生活中，抑制剂与伤感毫无关系，抑制剂只会抑制或者减慢你的身体功能。听到抑制剂时，你应该想到的是"慢"，而不是"伤感"。慢，就像腿里灌了铅走路，就像反应迟缓，昏昏欲睡。具体说来，**苯二氮卓类会减慢中枢神经系统的运转，这反过来会抑制我们形成新记忆的能力，因为大脑的生化机制受到了影响。**

我们摄入苯二氮卓类之后究竟发生了些什么造成了失忆？根据法国波尔多大学神经科学家丹尼尔·贝拉克希亚（Daniel Beracochea）的观点，苯二氮卓类药物的显著特点是由获取削减分子组成，它们会阻碍记忆冲压所必需的蛋白质的合成，作用相当于前文实验中给老鼠注射的药物。苯二氮卓类一般被认为只会造成顺行性遗忘，而不是逆行性遗忘。意思就是，苯二氮卓类对被服用之前的事情不会造成任何影响，但会严重损害一个人服用该药之后的记忆能力，什么都记不住。

更进一步来看苯二氮卓类的作用，它会增强神经元递质GABA（Gamma-aminobutyric acid，γ-氨基丁酸）的作用。丹尼尔·贝拉克希亚在2006年发表的一篇评论文章中说："更确切地说，苯二氮卓类药物的镇静作用和顺行性遗忘作用主要得归因于GABAA受体（γ-氨基丁酸A型受体）。"如果你不是医学博士，那么我来解释一下，他说的话意思是，苯二氮卓类对记忆的损害主要是因为负责回应GABA的部分突触的敏感度改变了。再次重申，应该是改变突触之间正在发生的作用，就能改变我们形成新记忆的能力。

在经典的研究中，例如法国科学家皮埃尔·维达列特（Pierre Vidailhet）20世纪90年代所做的几个记忆实验，参与者常会被要求先服用苯二氮卓类药物，然后完成一系列任务，比如记单词表或者几个图形，由此考察苯二氮卓类药物的效用。由于苯二氮卓类不会影响短期记忆，所以完成任务后马上测试，就很难知道参与者是否受到了药物的影响，因为他们的表现都很正常。但是，如果延迟一段时间之后再测试，参与者就很难回忆起单词或图形，有时候甚至会完全忘记研究者给了他们一个单词表或图形表。类似的情况是，如果我们在医院，做手术之前医生让我们服用了这种药物，那么在手术之前、期间、结束后跟医生、护士、爱人之间的对话，我们一个字都不会记得的。

有一次我在医院做手术，就有过这样的亲身经历，手术比预想得更早结束。手术结束之后，我当然是清醒的，会说话，而且逻辑清晰，但是显然不能形成记忆。陪我来的搭档每隔几分钟便问我一个相同的荒谬问题，想看看我是否能意识到他一直在重复问题。我果然没有意识到，每次都像第一次一样回答他的问题，每一次！而且我一直以为自己刚刚醒过来，现在没事了。记不住刚刚发生的事情只是一个有趣的微小副作用，很多因为外部创伤造成严重失忆的病人也有这样的经历。我的搭档甚至给了我一个小记事本，让我把每次回答他的答案都写下来，把这一页翻过去，这样我就看不到我之前写了什么（几分钟之前我刚写了一模一样的答案！）。当然这些我都不记得，是他后来把那个记事本当作确凿的证据给我看，我才知道的。

显而易见，大脑中对形成新记忆有关键作用的生化机制会因摄入某种药物而被人为操控。但是记忆可不止生物化学机制那么简单，记忆是强大的网络。

记忆如何被操纵

现在，让我们把注意力从细微的生物化学元素上移开，来谈一谈记忆的结构。记忆结构可以通过神经成像技术（如功能性磁共振成像）看到，也可以在生命体中被激活。现在我们要看的是神经元细胞本身，以及它们之间的物理联系。

当你经历一件事情，你大脑中的许多部分就会活跃起来，也就是说，这些部分被经过的微电流或生化电流激活了；相同的神经元细胞们会一直负责储存这段记忆中的某一部分。比如说，对于某一个事件，你视觉皮质中的神经元负责保存你看到的信息，颞叶听觉区域的一些神经元保存你听到的信息，躯体感觉皮质中大部分神经元则保存你感觉到的信息。于是你的大脑就面临一个艰难的任务，得把你经历这件事情时激活的大脑不同区域的神经元相互联系起来，而不是图省事儿地专门分配一个区域，把神经元聚集起来储存这段记忆。所以，为了了解复杂的记忆，我们必须先了解神经元之间的网络。

巴黎高等物理化学学院的科学家加埃唐·德·拉维利昂（Gaetan de Lavilléon）和他的同事，使用了一种独特的手段来研究神经元网络。他们想知道，我们能不能在活的有机体内摆弄一下构成记忆根基的蛋白质结构，从而改变活体内的神经元联系。2015年，他们在杂志《自然神经科学》（Nature Neuroscience）上发表了自己的论文，并描述了他们的一次实验，实验中他们采用了一些前所未有的方法生成了记忆。

他们打开了老鼠的头骨，把电线精确地接在愉悦中枢的每一个神经元上，同时在其他区域也接上了电线。他们想在所谓的位置细胞，也叫作定位细胞，与愉快情绪之间建立一种联系。英国伦敦大学学院的神经生物学家约翰·奥基夫（John O'Keefe）于2014年因为发现了这些位置细胞而获得了诺贝尔奖。位置细胞就像内置的GPS，使我们能够在大脑中绘制一张周围环境的地图，并且专门储存这类空间信息。

奥基夫等人让老鼠脑袋上戴着电线四处探索周围的环境，当老鼠在某一个地方停下时，记下来那些被激活的神经元细胞。确认了位置细胞都有哪些之后，他们开始操控这些细胞。老鼠睡觉的时候，实验人员就在一旁，等着那些位置细胞在老鼠做梦时自动激活。当看到老鼠梦到了某个特定的地点，他们就向老鼠的愉悦中枢进行一次电击。这样就人工创造了记忆，把有关某特定地点的位置细胞与积极情绪联系了起来。

老鼠接下来的行为表明了这个方法的成功。老鼠醒来之后，在他们"感知到快乐"的地方待的时间比在其他地方待的时间长得多，虽然那些地方并未发生过什么值得高兴的事情。这意味着，他们通过改变老鼠大脑中的物理结构，创造出了虚假记忆。

无独有偶，史蒂夫·拉米雷兹（Steve Ramirez）和麻省理工学院的刘旭[1]以及他的同事们想知道是否能通过向老鼠大脑发射激光，在记忆片段之间制造人工的联系。他们在2013年发表于《科学》（Science）杂志上的一篇研究论文中，声称："我们利用光遗传学技术操纵了老鼠海马体中保存记忆的细胞，成功在老鼠身上制造了虚假记忆。"光遗传学技术是一个科学领域，利用光来控制那些经过基因改造而变得对光敏感的神经元细胞，这是通过向被激活的神经元细胞加入一种光敏蛋白——紫红质通道蛋白——来完成的。比如说，我们可以让老鼠记住一个地点，然后把紫红质通道蛋白加入特定的位置细胞，然后我们就可以用蓝光来让这些细胞兴奋或者不兴奋，就像是给神经元细胞安上了开关。

拉米雷兹和同事发现，用这种方式激活少量而精确的一小部分神经元细胞，会再度激活某一段记忆。他们做到了故意把旧记忆与某种新情况组合起来，从而制造出虚假记忆。这种虚假记忆使得之前把疼痛恐惧与某一个地点联系起来的老鼠，却在另一个地点激活了这段疼痛记忆。此时的老鼠已经错误地把疼痛与另一个毫无关联的地方联系了起来，与上述那个老鼠在睡梦中把愉悦情绪与某个地点关联起来的实验正好相反。

他们针对的目标是大脑中的海马体，我是这么记住这个词的："河马在校园里"[2]。显然，我这种联想记忆非常牵强，因为海马体这个词在希腊语中指的是一种巨大而神秘的海马；大脑中的这部分结构因为形似海马而被如此命名。海马体位于我们大脑的中间位置，负责我们的空间方向感和形成长

---

[1] 译者注：1977年出生，2015年逝世。世界上最顶尖的记忆研究者之一，对老鼠记忆进行操纵的先驱科学家。

[2] 译者注：海马体的英文是hippocampus，hippo是河马，campus是校园。

期记忆。但是请注意，记忆并不储存在海马体中，这样认为的话就太过于简单了。正像我们上文中看到的，记忆是以网络的形式储存在整个大脑中的。

海马体的作用更像是一个媒介。神经科学家迪恩·博耐特（Dean Burnett）说："信息被导入海马体。**海马体是大脑中形成新记忆的关键部位，是唯一一个定期生产新神经元的地方。海马体把所有相关信息联系在一起，然后通过产生新突触把信息编码入新的记忆中。**基本上就像现实中某个人在编织一张异常错综复杂的挂毯。"

利用光遗传技术控制海马体形成记忆，使人想起《黑客帝国》《全面回忆》等这种科幻电影，在电影中，完整而复杂的记忆也是通过某种技术被直接植入了角色的大脑中。我们的技术还没有那么发达，但是针对大脑的科学技术正在飞速进步。2010年的时候，光遗传技术才从科幻故事中走进了现实。

于是，在2015年末，我们开始进入声遗传学革命。声遗传学，顾名思义，就是用声音——超声波——来改变细胞结构。现在就说这项技术能带我们何去何从有些为时尚早，一系列激动人心的发展，与"该技术应该如何使用、是否会被滥用"的伦理担忧都会随之而来。从木米学的角度来看，也许有一天，我们会用超声波来干预某个人大脑的特定区域，以改变某段特定的记忆，从而让他拥有一个崭新的人生。

此时此刻，需要重述一些记忆的基本原理——关联联想就是一切。正是由于大脑不同部分储存的记忆片段相互关联起来，我们才会有一段完整的记忆。

因为联想，所以记得

从最早的哲学家开始试图理解我们是如何思考到现在，联想一直被认为是思维的核心特征。所谓的联想规律，最早是基于柏拉图提出的一个概念，在公元前300年被亚里士多德正式作为一种规律记录下来，因为他认为这是所有学习的理论支撑——这里的学习是记忆的一个过程。

根据亚里士多德的《论记忆》（On Memory and Reminiscence），联想规律有四种。第一种是相似律，有关某一事物的经历或回忆会引起与该事物相似的回忆。第二种是对比律，有关某一事物的经历或回忆会引起与该事物完全相反事物的回忆。第三种是接近律，有关某一事物的经历或回忆会引起当时同时经历的事物的回忆。第四种是频因律，同时经历两种事物的频率越高，那么对其中某一种事物的经历或回忆越会引发对另一事物的回忆。在今天记忆的概念中，我们仍然可以看到这四种规律在其中的反映，在这一章我们会进一步探索这些规律。

两千多年来，这四种规律一直被认为是正确的，但是它们的重要性却在很大程度上被忽略了，直到17世纪的约翰·洛克（John Locke）和19世纪晚期的赫尔曼·艾宾浩斯（Hermann Ebbinghaus）改变了这种状态。艾宾浩斯是那个时代的先驱，是第一批用实验方法研究高级认知功能的科学家之一。他发明了一种新的方法来研究记忆的发展，就是训练自己记住无意义音节并测试对音节的记忆。无意义音节是一组毫无意义的字母排列组合，例如OOB、KOJ。艾宾浩斯之所以选择这类音节来记忆，是因为它们不能含有任何已存的意义，否则，已有意义的音节记忆起来会比无意义的更容易。尽管有的研究者认为即使是无意义的音节，也能通过赋予它们意义来记忆，但艾宾浩斯的努力是非常值得赞赏的。

1885年，艾宾浩斯总结了自己的所有发现，发表了鸿篇巨著《论记忆》（Über das Gedächtnis），后来被翻译成了英文《记忆：对实验心理学的贡献》（Memory: A Contribution to Experimental Psychology）。他在自己身上所做的记忆实验，在记忆形成和储存方面给了我们非常多的启发，直到今天还被广泛接受。

现代关于联想激活的概念，实际上是对亚里士多德和艾宾浩斯原来命题的阐释，指的是某一段记忆，当其他概念上相似的想法或经历被处理加工的时候，该记忆的活跃度会增加。比如说，如果你正要去游泳，那么你就会自动想起与之有关的概念：水、游泳池和泳衣。这个理论认为，每个人都会发展出自己的一套常用词和常用概念。大脑中的每一个独立的概念或词语都可以叫作"节点"，这些节点之间相互联系，创造出复杂的想法。

具有相似意义的节点之间的联系更加紧密。所以，"警察"这个节点与"法律"节点的联系更强，与"桌子"节点的联系就非常之弱。一旦一个节点被激活，我们输送到这个节点的能量就会概念化，自动从最初的源头向外辐射到其他相关的节点上去。如果第一个被激活的节点是"警察"，那么能量就会自动从这里输送到与之意义关联性更强的"法律"去。

每当我在伦敦或巴黎的地铁里，都会想到这种联想激活。地铁网络可以代表大脑，每一个地铁站代表 个节点。正如我们可以从任何一个车站坐车去另外一个车站，我们也可以在大脑中从任一节点穿过一系列的联想到达另外一个节点。正如某些车站之间的车程只需要几分钟，而到另一些车站去则需要经过漫长而烦琐的换乘那样，大脑中的某些节点之间的联系比其他节点之间更强大更接近，也就是与这些节点有关的联想记忆，回忆起来会更加容易。正如有时候地铁线路会有变动或地铁故障，于是我们所到达的车站并非我们想去的那个一样，记忆误差可以被认为是节点之间生理联系的故障所导致的。

联想激活过程能在两个阶段造成虚假记忆，一个是记忆编码储存阶段，一个是回忆阶段。在编码阶段，可以向一个人展示若干概念而不提及最主要的概念，所以研究者可以提到"法律""人和制服"的概念，而不需要提到"警察"。然而，由于"警察"这个概念是自动被相关概念激活的，所以这个词可能被参与者一并存入大脑——即使研究者根本没说到"警察"，他们也可能会觉得研究者直接对他们说了这个词。

我们回忆一件事情的时候也会犯类似的错误。当一个人试图想起某件事情中涉及了哪些概念的时候，他可能会记得"法律"和"制服"是被提到过的，还会对"警察"产生一种似曾相识的感觉（因为它被自动激活了），这会使得这个人在回忆中把"警察"也包含了进去。

因此，联想激活意味着虚假记忆是联想能力的一个显著缺点。**拥有强大的联想能力的优点，首先是使我们能够拥有记忆；其次，使我们能够把各种想法联系起来，应对周围的环境，并且想出周全的办法来解决问题。**这也意味着，如果记忆或概念之间的联系能够增强或者削弱，就会影响记忆错觉和记忆误差出现的可能性。

是谁邀请了凯文

上面说的那些可能太抽象了，我们来试试更生动的解释吧。大家都爱派对。记忆在大脑中的物理表现普遍被叫作一个记忆的痕迹，每个记忆痕迹需要能够与其他的记忆痕迹相互联系，这样记忆就自然地联系了起来。所有这些物理表现都需要相互联系，这样我们才能形成记忆并回溯记忆。也就是说，每当你想起一段记忆的时候，你大脑中的记忆痕迹就在开派对。

想象一下这个场景：英格拉姆（Engram，"记忆痕迹"的谐音）开了一个派对，他很高兴地看到他最好的两个朋友出席了。他坐下来，马上和朋友叙起旧来。他和这些朋友经常联系，他们之间的关系异常亲密，于是叙旧这件事非常自然而然。英格拉姆最好的朋友，是与他所包含的特有信息有极强的内在联系的概念和想法。现在我们想象"英格拉姆"是关于你最爱的公园的回忆，那些"朋友"痕迹——联系最紧密的概念——可能是你最爱的池塘的位置，或者公园里的树是什么样子。

紧接着，来到派对的是英格拉姆其他的朋友和同事。他与这些人要么联系不密切，要么觉得他们太无趣，但是这些人仍然经常来参加他开的派对。这些就是与你激活的记忆仍然有联系，但联系很微弱的概念。或许这些记忆是关于公园里的长椅、与公园相邻的一条街，或是最近的咖啡馆。有些信息可能不是一直有用，而且它们之间的联系并不一定被强化巩固过，但是每当"公园"的记忆被激活，它们仍然会被同时激活。

英格拉姆发现了凯文。谁他妈的邀请了凯文？他的一个同事承认是自己走漏了风声，然后不得不邀请了凯文。没人喜欢凯文，他总是会毁掉所有的派对。凯文是一个多余的记忆片段，也许今天"凯文"就是你读到的刚发生在公园里的持刀伤人事件的新闻。或者，"凯文"是你几年前在公园里做过的一件非常难堪的事情的回忆。你真的不愿想起如此糟糕的关联，但是它们是自动被激活的，你几乎不可能阻止自己去想起它们。"凯文"不但令人讨厌，而且非常难摆脱掉。

英格拉姆正对凯文不请自来火冒三丈，恰好此时英格拉姆好久没有联系过的一个朋友来到了派对。他很激动，马上去和这位朋友叙旧（重新联系）。他们发现彼此仍然有很多共同点，于是双方的联系加强了。这个"朋友"是由情境中陌生的、非常规的关联激活的记忆片段。也许某一次你想着"公园"的时候，不知怎地却回忆起了几年前在巴西旅行的经历。你想起了巴西那些郁郁葱葱的公园，而且回想的次数越多，你所在地的公园和巴西的公园之间的联系就被一次次强化了。英格拉姆与这位朋友相谈甚欢，于是决定每次开派对都要邀请他来——你成功地把"巴西"记忆与"公园"记忆关联了起来，所以将来你一想到"公园"就会想到"巴西"。

邻桌上的两个人开始跟英格拉姆的一个朋友交谈起来，最后加入了大家的谈话中。这两个人中有一个人特别无聊，没有任何激动人心的、非比寻常的、值得纪念的谈资，没人真的认真听他说话。最后他离开了，而且英格拉姆很有可能根本不记得自己曾经跟这个人聊过天。这是一个可能形成新关联的情况，但是因为缺少形成记忆所需的重要特点，这段记忆没能被编入大脑中已存的记忆网络中去。这种情况下，任何记忆都不会形成。

与此相反的是，每个人都与另一个刚到的人相处得非常愉快。她和英格拉姆，以及在场的其他人都有很多共同话题——她真是又风趣又让人激动，有几个人还加了她的脸谱好友。此时，一段新的经历被储存为一段新的记忆，并且与已有的相关记忆建立了关联，这些关联被储存在大脑中，和已存的结构联系了起来。可能是你在公园里遇到了一位非常有魅力的陌生人，这段相遇的回忆就会变成你回想公园时新增加的一段记忆。

派对的气氛热火朝天，而且显然英格拉姆的几个朋友正在寻找爱情。刚来的这位魅力四射的女子被太多人注意到了，不胜其扰。英格拉姆还抓到他的两个朋友正在一个房间里亲热，像人一样，记忆片段会积极地寻找其他记忆片段来建立关联。它们特别喜欢"滥交"——只要情形有利，它们会随便勾搭上任何一个记忆片段。感谢上帝，正是因为记忆痕迹之间这种自动联结附着，才使我们能够产生有趣的想法。**通过大脑实验性地以新奇的方式联结记忆和想法，我们获得了新的联想——这正是形成创造力和艺术灵感、产生新思想、解决复杂问题的基础。**不过，假如记忆痕迹相互关联的方式不恰当，上述倾向同样会导致记忆错觉。

好了，派对结束了。凯文，你快走吧。

模糊的痕迹

有一种建立在联想激活理论基础上的理论，叫作模糊痕迹理论（Fuzzy Trace Theory），试图详细解释为什么我们会产生不正确的记忆。我向来觉得这个名字对于一个理论来说特别可爱，上课的时候给学生看猫咪视频是我让学生记住这个理论的绝佳办法。这个简洁的理论可以用来解释非常多的记忆现象，该理论假设记忆过程包括两种痕迹：要义痕迹和字面痕迹。简单说来，要义痕迹说的是一段经历的意义；字面痕迹说的是具体的文字细节；大多数记忆都包含这两种痕迹。想一想两个人的对话可以帮助我们理解：每个人都会记得这个对话大概是关于什么——要义痕迹，以及两个人说过的具体词语和句子——字面痕迹。

亚利桑那大学的记忆科学家查尔斯·布莱纳德（Charles Brainerd）和瓦莱丽·瑞娜（Valerie Reyna）相信这个理论可以解释众多虚假记忆现象，并且可以归纳为几个主要原理。我认为其中的四个原理就足以让我们理解形成记忆错觉的根本机制了。

原理1：平行处理与存储。记忆输入有两个平行的过程——一个人储存要义痕迹与字面痕迹的过程是同时发生的，这两种痕迹在大脑中是独立存在的片段。所以，当看到一个情景时，我们的大脑会处理这个情景的表象（字面痕迹），同时处理我们赋予这个情景的意义或解读（要义痕迹），然后分别储存这两部分的信息。

原理2：单独回忆。要义痕迹和字面痕迹是分开来单独回忆的。某段经历中的某一种记忆痕迹会比其他记忆痕迹印象更深；也有一种可能是，只有一种记忆痕迹或两种，或完全没有任何记忆痕迹在某种情况下都不会有反应。这能解释为什么有时候我们记得一个人的名字（字面痕迹），却不记得他长什么样子（要义痕迹）；或者我们记得一个人的模样，却记不起这个人的名字；最糟糕的情况是名字和相貌我们都不记得，最好的情况是名字和相貌我们都能想起来。重要的是，字面记忆和要义记忆都是可以相互独立且被回忆起来的，因为要义记忆一般来说比字面记忆更稳定持久。

原理3：潜在错误。两种记忆痕迹单独被回忆，容易使一个人的记忆出现错误。要义记忆片段的内在不精确性会衍生出对某事件的熟悉感，从而伪造出一些字面细节。比如说，某人想起一个要义痕迹，他和朋友某天喝着咖啡聊了天（要义痕迹），这可能会使他误把聊天的地点回忆成他家附近的咖啡店（字面痕迹）。这很正常，为了让要义记忆合情合理，人们得把它放置在合适的个人经历中。又或许，一个人可能有非常清晰的字面记忆，记得在哪家咖啡馆跟朋友喝了咖啡，记得自己和朋友坐在什么位置，记得他们穿了什么衣服，却唯独忘记了要义记忆——是为了什么跟朋友见的面？这个人可能会根据自己强大的字面痕迹进行推测，对跟朋友见面的原因产生虚假记忆。

虽然这些错觉每天都在自然而然地发生，但是研究者也可以通过刻意的误导，把一个人不相干的要义记忆片段和字面记忆片段联系起来，使其形成虚假记忆。很多虚假记忆实验采用的都是这个方法，在之后几个章节我们会详细地来探讨这个问题。

原理4：生动性。字面记忆处理与要义记忆处理都会产生清晰生动的回忆。当回忆起一段字面痕迹，一个人常常感觉像是又亲身经历了当时的事物和情境。与此同时，要义痕迹的回溯有时会更概括一些，这个人可能会觉得好像发生过什么，有一种似曾相识感，但是却回忆不起来细节。

上文提到过，如果当要义痕迹尤其清晰强烈的时候，它们可能会诱发虚假回忆经验，把对要义的熟悉感当作字面痕迹解读的线索。如果问一个人，他的朋友是否出席了一个他们两个都很有可能参加的活动，那么他可能会有种熟悉感——"我觉得他好像去了那个活动。"——由此，他可能会形成错误的字面记忆，觉得真的在那个活动上看到了朋友——"对，他在那儿。"换句话说，**如果要义记忆痕迹和字面记忆痕迹是各自独立回忆起来的，那么两者还能保持自己的真实性；但是，如果以上方式被合在一起，就会制造出虚假记忆。**

上述四个原理使模糊痕迹理论拥有了广泛的覆盖范围，涵盖了很多研究者提出的虚假记忆机制，足以解释虚假记忆什么时候产生、怎样产生、为什么会产生的问题。总结起来就是，模糊痕迹理论认为记忆错觉之所以有可能出现，是因为我们的每一段经历都是以多个记忆片段储存在大脑中的，这些记忆片段可以以从未发生过的方式被结合起来。显而易见，我们的大脑是一项生物学和化学奇迹，内置的生理机制会导致复杂记忆错觉的生成。这些潜在错误的形成方式，是联想记忆系统出现的意外结果，如果没有联想，我们就不会拥有宝贵的创造力和适应能力了。

第 4 章
记忆巫师

∨
∨
∨

为什么没有谁的记忆是绝对可靠的

一个人的大脑可以储存多少信息？这个问题每个人在一生中至少问过自己一次，也许是在谷歌上疯狂搜寻"如何短时间内记住重要信息"（比如考试内容、工作面试等）的时候问的。会有特别的技巧吧？记忆力超强的人知道这些技巧而我不知道？或者是记忆力强是天生的？"天哪，可别是天生的啊。"

　　先把对自己记忆力的担忧放在一边吧。我们知道这世界上的确有些人的记忆力强大到不可思议。他们有时会被叫作"记忆巫师"：能随时（几分钟后、几天后或者几年后）随地、随心所欲地回忆出重要的信息，而且还包括能回忆起惊人的细节。

　　加州大学的詹姆斯·麦戈高夫（James Mcgauph）等人于2006年发表了一篇论文《一个非同寻常的自传式记忆案例》（*A Case of Unusual Autobiographical Remembering*），描述了对这种现象的研究，后来一个被他们称为AJ的女人通过邮件联系了他们：

敬爱的麦戈高夫博士：

　　真不知道该从何说起，我只希望您和您的同事能够帮帮我。我今年34岁，从11岁开始，我发现自己拥有了难以置信的记忆力，而且不仅仅是回忆这么简单。我的第一个超逼真记忆，是我待在婴儿床里（大概是1967年）。在那之后，从1974年到今天我可以随便挑一个日期，然后告诉你那天是星期几，那天我在做什么，那天有没有发生什么大事（比如1986年1月28日星期二发生的"挑战者"号航天飞机失事）。

我没有提前看日历，也不需要看我写了24年的日记。不论我是在电视上还是其他什么地方看到一个日期，那一天的情景就会自动浮现在我眼前：我在哪儿，我在做什么，那一天是星期几，那个日期在之后的年份里都是星期几等等。这种情况永无止境，无法控制，让我筋疲力尽。

有人叫我"真人版日历"，有些人害怕我，躲得远远的。但是每个人了解我这种"天赋"以后，都觉得不可思议。然后，他们开始用各种各样的日期考我，想把我难住，但我还从来没被难倒过。大家都说这是一种难得的天赋，而我却觉得这是一种负担。每天，我的一生都会在大脑中重演一遍，我要疯了！

麦戈高夫团队同意见一见这位AJ，虽然他们还保留着一点怀疑态度。因为经常会有人声称自己有超出常人的记忆力，但是经过测试，他们大部分的记忆力远不如他们自己说的那样超常。AJ同意让研究人员用各种各样的记忆测试方法对她进行测试，而且她的情况的确与众不同。研究者在论文中详细记录了AJ惊人的能力：

1980年4月3日？"我记得。是春假的时候。逾越节，我去参加节日活动了。我记得那个星期，我当时是9年级。春假前的那个星期，我在医院里。"

1986年7月1日？"我完全记得那一天、那个月、那个夏天。我和XXX（朋友的名字）去了YYY（餐厅的名字）。"

1987年10月3日？"那是星期六。整个周末我都穿着睡衣宅在我的公寓里——哦，弄伤了胳膊肘。"

幸好AJ从10到34岁还一直坚持写日记，研究者们还可以查看她的日记来验证她的回忆是否准确。研究团队觉得AJ的能力实在太特别、太惊人了，所以，他们认为应该专门为这个能力起一个名字：超忆症（Hyperthymesia，源自希腊语Thymesis）。根据AJ这个案例，研究者认为超忆症人群主要有两个特征。第一个特征是他们花大量的时间回想自己的过去；第二个特征是，他们能回忆起经历中的非常精确的细节。

这种情况与超常记忆不一样，超常记忆指的是迅速记住并精确回忆新的非自传式信息的超常能力。AJ虽然拥有关于亲身经历的超强记忆，但是她对与她生活无关的信息则没有显现出同样超常的记忆。而拥有超常记忆的人群比其他人都擅长记忆这方面的信息，特别是数字和客观事实。目前对于超常记忆人群的看法是，他们的记忆能力是应用记忆策略的结果，而记忆策略是后天通过练习习得的，并非与生俱来的。与此相反，拥有超常自传式记忆能力的AJ，却无法有意识地使用记忆策略来学习并保持其他种类的信息，证据就是她在学校成绩不好、一次次地失业——她的确缺少大家认为的"超强大脑"应该具备的一些特质。那么，从这样的案例中，我们能知道哪些人类记忆的极限呢？他们"完美"的记忆力真的像看上去那么完美吗？这种"超能力"真的值得你我拥有吗？

超强自传式记忆者

近几年，超忆症人群大多被称为HSAMs——超强自传式记忆者（Highly Superior Autobiographical Memory Individuals，以下简称HSAM），这个课题在2005年AJ出现以后才真正引发了一系列的科学研究。加州大学的劳伦斯·帕提西斯（Lawrence Patihis）与其团队在2013年发表的一项研究中声称："从童年期中期开始，HSAM——或称超忆症人群——能清楚记得某个日期是一星期中的哪一天，也记得那一天发生事情的所有细节，而且他们的回忆准确率高达97%。"

AJ案例公布之后，有超过200人联系了麦戈高夫团队，声称自己拥有类似的记忆能力。这在科学界是非常振奋人心的消息——也许这种能力比大家预想的要普遍得多，也有可能是他们之前的研究方向本来就是错的。新出现的这些人很有可能开创一个记忆研究的新世界，然而就像以前的很多案例一样，这些人最终被证实并不是真正的超忆症人群。他们有很强的记忆力，但是并不像AJ那样异于常人。

正当研究者们要放弃希望的时候，奇迹发生了。第二名超忆症者出现了：布拉德·威廉姆斯（Brad Williams）。

然后又出现一位：瑞克·拜伦（Rick Baron）。

然后是鲍勃·派德拉（Bob Petrella）。

2010年，这个群体又增大了，甚至一位知名演员也加入了进来。

根据报告，至今在全世界范围内已有56位HSAM登记在案。这个圈子仍然比较小，但比起当初只有一个人的案例，这已经非常庞大了。发现如此之大的超忆症人群之后，几乎每个人都在思考一个问题："超忆症的原理是什么？"

尽管对此现象还没有一个足够强大的科学解释支撑，但是我们已经有了一些假设。

大脑摄像头

也许可以说，记忆就像是一个录影机，把我们做的每一件事情都记录下来，而HSAM的"回放"功能比我们的强得多罢了。在1952年有一篇里程碑式的文章《记忆机制》（*Memory Mechanisms*）——作者是如今已声名狼藉的美国神经外科医生怀尔德·潘菲尔德（Wilder Penfield）——认为有一些证据可以支持这个观点。潘菲尔德的研究兴趣之一，就是通过切除病人的部分大脑来治疗癫痫。他在手术中不但让病人大脑暴露在外，而且还利用这个机会对活体大脑探测一番。他用电极直接刺激手术过程中仍然清醒的病人大脑的不同部分，同时询问病人的感受以及以前的经历。通过这种方法，他确定了负责不同感官的脑部区域和负责不同肢体运动的区域，并且绘制出了一张人类感觉区和运动区的大脑皮质机能定位图，我们至今还在采用这张图谱。

他发现，当他刺激大脑的某些区域，特别是颞叶的时候，他的病人会说出一些复杂但是虚构的经历（颞叶是大脑中非常大的一片区域，位于两耳正后方）。电流通过大脑两半球的颞叶区域时，病人说自己听到了爱人的声音，或者听到了音乐。如此看来，这一区域能够直接刺激他们的听觉记忆。

潘菲尔德还与同事凡纳·佩洛特（Phanor Perot）合作，研究能激发复杂的视觉经历的刺激。在发表于1963年的一项研究中，他们发现当大脑的顶颞叶皮质被激活之后，病人像重活了一次，能够完整讲述自己曾经的所有经历。这种影响只有在激发正确的脑半球之后才会出现，也就是说我们的视觉记忆或许都储存在大脑的右半球。病人的这些回忆几乎都能被确认为真实的记忆，因为都能找到切实的证据。

研究团队认为他们找到了过往经历的神经基质——大脑中唯一储存所有记忆的区域。依照布伦达·米尔纳（Brenda Milner）——潘菲尔德前同事之一——的看法，这使潘菲尔德得出一个假设："从我们出生到死亡，我们每个人的大脑中，都有一个对意识和知觉持续不断的记录（只包括我们注意到的事物，不包括我们没有注意到的事物）。"大脑中一直有一个开着的内置录影机和一个微型无线摄像头。

作为一名实验心理学家，米尔纳很难接受这个假设，当她就此问题向潘菲尔德发问时，潘菲尔德回答说："这当然不是你们心理学家定义的那种记忆，那种抽象的、高度概括的、被扭曲的记忆。**在普通的回忆过程中，我们是不可能直接从大脑中提取对过往经历的记录的。**"所以他的理论是，我们大脑中的确有一个24小时开启的微型摄影机记录着我们的意识流，而且这个大脑中的内置摄影机会把影像资料储存在一个秘密的地方。

在早期研究中，潘菲尔德推测大脑中储存记忆的区域可能是颞叶；后来他觉得可能是在脑干的上部；最后他确定应该还是颞叶区域。像当时的许多研究人员一样，潘菲尔德也怀疑海马体在记忆过程中起到了媒介的作用，决定我们能不能从意识流存储区域中存取某些记忆。因此，他把海马体叫作"存取之门的钥匙"，还把它画在了给布伦达·米尔纳的私人信件中（1973年12月）。他说他是在研究一位患有术后失忆症的病人时冒出这个想法的。按照米尔纳的说法：

在潘菲尔德的图表中，他指出在假想的意识流记录过程中，两个海马体一定起到了关键的扫描和提取作用……他认为如果你试图回想起关于约翰·琼斯（你在1950—1960年期间的朋友）的一些事情，那么从某种程度上来说，海马体通过颞叶的皮层判断区域给了你一把打开"过往经历录像"的钥匙。

如果说潘菲尔德是对的，那么我们记忆中的每一件事情都存储在大脑中的某个地方，而拥有超强自传式记忆能力的人可以被解释为，他们提取这些信息的方法比普通人更直接。

尽管这个想法听起来非常奇妙，但是这种记忆"录影机模型"已经失去了说服力。今天的科学共识是，根本没有证据显示大脑中有这样的存储设备；海马体也不可能限制你发掘自己最大的记忆潜力。然而为了解释超忆症现象，以及其他的超强记忆现象，有些人转向了另一种相关理论：照相式记忆。

照相式记忆

好吧，我们可能没有内置微型摄像机，可以把一切记录下来，但我们怎会有精确抓拍某个特定时刻这种能力的呢？或许我们能为这个时刻制造出一个完美的记忆痕迹？像一张生活自拍似的，"咔嚓"，"不错的这张要存进记忆银行"，这也不是什么了不起的事儿。最能描述照相式记忆概念的科学术语是"超逼真记忆"（Eidetic Memory），这方面的研究者也在探索我们视觉记忆能力的极限。

研究"照相记忆者"（eidetikers，称呼拥有超逼真记忆的人的专业术语）最普遍的方法是图片诱导。来自圣劳伦斯大学的艾伦·赛尔曼（Alan Searleman）教授描述了这样的测试过程：在画架上给研究参与者展示一张照片，让参与者花30秒来看这张照片——研究者把这30秒叫作"无限的观察时间"，因为大多数人在30秒之后都不会再继续，或者根本不想再继续看同一张照片了。你可以试试看，如果你只能看一张照片，30秒钟时间会感觉非常非常长。

照片被拿走之后，参与者会被要求继续看着画架，然后研究者会让参与者尽可能多地描述照片上的所有事物。有超逼真记忆的人会说，他们仍能在脑海中看到那张照片，然后从记忆中扫描、检视照片上的每一处细节，就好像照片就在眼前。这些人在描述照片的时候，一般都会使用现在时态，并且可以说出惊人数量的细节。

我们大多数人都没有超逼真记忆，也许永远也不会有。赛尔曼在该领域的前沿教科书《广阔视角下的记忆》（*Memory from a Broader Perspective*）中，总结了自己的研究，认为超逼真记忆图像与人们可能遇到的其他视觉图像有所不同。超逼真记忆图像并不是简单的视觉残留——视觉残留是我们盯着一件物品太久之后的持续视觉刺激，或者是强光突然熄灭后残留在视觉中的短暂光感。这些是我们眼睛的细胞被刺激的结果。视觉残留随着眼球的运动而运动，而且它们的颜色或形状与原状完全相反。视觉残留影像中，白色光可能是实现中间黑色的圆圈，红色光可能变成绿色光。超逼真记忆影像与以上都不同——它不随着你的眼球而动，并且能保留图像原本的颜色和形状。

与此同时，超逼真记忆影像与可能持续一生的视觉记忆也不一样——超逼真记忆影像只能持续几分钟，然后一点点地慢慢消失，而不是一下子彻底消失，而且"照相记忆者"没有办法掌控哪一部分保留的时间长一些。**超逼真记忆影像是无法延续的即时高质量记忆，比其他种类的视觉记忆都要好，但是，它们也像其他种类的记忆一样有很多易被歪曲的特点：容易被操纵，有疏漏，增加错误信息，等等。**赛尔曼认为，就算是"照相记忆者"也会出现把整个物品完全记错，或忘记一些场景片段的情况；看来他们无与伦比的超逼真记忆力也有不足之处。

另外，据我们目前所知，这种记忆只存在于孩子身上。关于这个话题的文献综述中，有一篇能追溯到1975年，其作者辛西娅·格蕾（Cynthia Grey）和肯特·葛摩尔曼（Kent Gummerman）做了一项测试，发现5%的儿童拥有超逼真记忆，这比儿童发育性残疾，特别是脑损伤的发病率还要高出15个百分点。而在大人中似乎完全不存在拥有超逼真记忆的现象。

这样的发现让恩罗·吉拉伊（Enrol Giray）等研究者猜测，超逼真记忆是不是一种不成熟的记忆形式？在我们能够思考并把经历编写成更抽象的记忆之前，只能使用超逼真记忆？这可能也意味着，儿童的超逼真记忆实际上是发育障碍的一种标志，而不是一种发展优势。所以，普遍认同的照相式记忆所指的能力并不是那么引人瞩目或者常见。20世纪70年代末，许多研究者都把照相式记忆或超逼真记忆的存在当作一个未解之谜，直到今天社会上仍然常见这样的误解。

那么照相式记忆与HSAM有什么关系呢？从严格分析上来说，它俩没关系，二者完全是不同处理程序的产物。HSAM可能曾经拥有过照相式记忆——他们的记忆好像保存完好，细节丰富，有着多种感官感觉。但是与照相记忆者不同的是，HSAM的记忆并不是生动而短暂的视觉回放，而是更持久的记忆。2013年，劳伦斯·帕提西斯等人发布了一项研究，其中他们检测了HSAM的记忆力有多强，或者说，测试了他们的记忆出错的可能性有多大。这个团队提出了一个问题："HSAM的记忆能力是不是像普通人的记忆那样容易被歪曲、误导而产生偏差？或者他们异于常人的记忆能力是否能用某种方式，保护自己的记忆免受错误诱导？"为了回答这个问题，他们在20名已证实的HSAM身上进行了三项虚假记忆实验。

在第一项实验中，研究者采用了DRM范式（Deese-Roediger-McDermott paradigm）对他们进行测试。研究者给参与者朗读一组相互关联的生词，要求参与者尽可能把词都记住。在晚一些的测试中，大多数参与者会回忆起概念上与词表有关，但实际上没有被研究者提到过的词。比如，如果研究者念到的词是"晚上""做梦""枕头""黑暗",那么参与者会自己加上"睡觉"这个词。当研究者告诉参与者某些词不在单词表中时,参与者会非常坚定地认为研究者确确实实提到了这些词,因而,"回忆起"这些不在单词表中的词就算是一种小的虚假记忆。在这样的任务中,HSAM与其他普通参与者一样会误记未被提及的单词。

第二项实验包含了经典的错误信息任务。参与者看到两张幻灯片,每张幻灯片上有50张照片。第一张幻灯片上展示的是按顺序排列的一组照片,一个男人假装帮助一个女人,实际上是想偷她的钱包。第二张幻灯片展示的是一个男人砸坏了一辆汽车的车窗,偷走了里面的钱和项链。随后,参与者听到了两段关于幻灯片故事的讲述,每一段有50句话,每段话中有6段信息是错误的。比如说,幻灯片上的那个男人实际上是把手放进了上衣口袋里,但故事叙述说他把手放进了裤子口袋里。研究者想知道,参与者在之后复述他们在幻灯片上看到的故事时,是否会添加听到的错误信息。也许你觉得他们肯定不会出错,恰恰相反,他们比普通的参与者更容易被听到的故事误导,讲出错误的细节。

最后在第三项实验中,研究者询问这些HSAM,他们是否亲眼看到过"9·11"事件中一段特别的视频,美联航93号客机撞向大楼的视频(其实美联航93号客机坠毁于宾夕法尼亚州的某个地方)。某位超强自传式记忆者的回答细节十分丰富,这里是一段摘录:

研究者:街上有一位来自宾夕法尼亚州的目击者拍摄了一部分飞机撞向大楼的视频,"9·11"事件之后的几个月甚至几年中,这条视频在电视新闻上和网上被播放了无数次。你记不记得自己看没看过这段视频?

HSAM：看过，但是"9·11"事件发生几天之后看的。

研究者：好的，你能告诉我关于视频的内容，你都记得什么吗？

HSAM：嗯，我看到飞机越飞越低。我没看全，我看到……呃……飞得特别低。

研究者：你记得这个视频有多长吗？

HSAM：也就几秒钟。不长。看起来就像是什么东西从天上掉下来，速度可能特别快。可我，你知道，看这个视频的时候有点吓坏了，那么大的飞机掉下来。

研究者：好的，最后一个问题。我想知道，你有多确信自己看过这个视频，从1分到10分，1分表示你完全不记得自己看过，10分表示你非常清楚地记得自己看过。

HSAM：差不多7分吧。

当然了，这是个虚假记忆研究，研究者说的这段视频是瞎编的，完全不存在——这种研究方法被叫作"不存在的新闻"范式。HSAM和非HSAM人群在这种测试中表现都一样糟糕，20%的HSAM和29%的非HSAM人群都表示自己看过这段视频，甚至说出了一到两个细节。看来"记忆巫师"没那么神奇，就算是地球上记忆力最强大的人也不可能拥有完美无缺的记忆。

回来说一说大脑的"记忆照相机"这个比喻。21世纪，数码照片像我们的记忆一样，我们或者其他人随随便便就能分享、编辑。假定照片式记忆真的存在吧——不一定存在——那么记忆PS技术也应该同时存在着。随着照相技术的快速发展，我们的"记忆-照相"类比也应该与时俱进，及时更新。我们都不再用宝丽来胶片相机了，我们也不应该把记忆叫作"照相式"，至少不能用暗示"完美"和"永恒"的方式来比喻记忆了。

激活扩散理论

话说回来，我们也许还是能找到一个办法来解释，为什么HSAM人群天生就有异于常人的自传式记忆，却仍然容易产生虚假记忆。当前最受欢迎的一种解释是——更符合第四章中讨论的记忆联想模型的解释——HSAM人群的记忆片段之间有着独特而强大的联系，使神经元网络联结变得强大。更确切地说，一种强化了的激活扩散模型最能够解释HSAM人群大脑的处理机制。激活扩散模型，是记忆研究者艾伦·柯林斯（Allan Collins）和伊丽莎白·洛夫特斯（Elizabeth Loftus）于1975年提出的，指的是当我们在大脑中寻找什么信息的时候（不论这个信息是什么），我们会发出一个电信号来搜寻与该信息有关的一个想法、一个常识或一个事件。

这么说吧，如果你想回忆起一段童年往事，你可能已经在想"我想回忆一下我家的乡村别墅"。我们从这个信息在大脑中的位置开始发射出一个电信号，电信号沿着与"我家别墅"这个概念相联系的神经元网络扩散出去，"我家别墅"这个记忆痕迹就与其他记忆痕迹联系了起来。加州大学洛杉矶分校的神经科学家迪恩·布诺曼诺（Dean Buonomano）解释说："一个记忆单元是通过与另一个记忆单元相互联系来储存的，它的意义也源自与之相关联的那些记忆单元。"**你可以想象一张巨大的蜘蛛网来帮助自己理解，你最开始搜寻的记忆片段位于这张大网的正中央，与之联系最紧密的概念都位于围绕中央的最内环，编织紧密，最容易也最快被激活。**随着电信号从中央向周围继续扩散，外围的概念——联系程度递减——也都被激活了。当然，在你的大脑中，神经元细胞之间实际距离的远近，与它们之间联系的紧密程度并无关系，但是想象激活强度在蜘蛛网上从中央向外围逐渐削减，能够帮我们更形象地理解激活扩散模型。

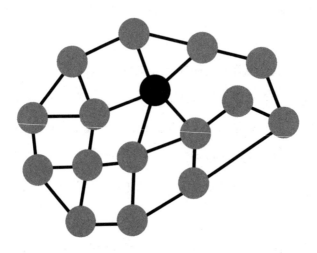

"蜘蛛网"式的记忆单元

　　所以从想到"我家别墅"，我们会逐渐想到"附近的湖"，这与"划皮划艇"相联系，然后想到物理形态上更不接近，联系也更微弱的"小岛"，由此我们的思维越飞越远，想到与"我家别墅"一点关系都没有的"开曼群岛"。我们在自己假想的"蜘蛛网"外围走得越远，与最初的概念的联系就越弱，想到的话题可能就越不相干，这时候我们回到"蜘蛛网"的中心去，从相关度更高的话题开始重新搜寻信息。这个过程实际上与思维导图非常相似，思维导图是常用在教育和职业领域的发散思维方法，以核心概念或想法为中心，把你想到的想法或概念以向周围扩散的网络形式记录下来。

　　激活扩散理论与HSAM现象是有联系的。AJ在描述自己经历的时候，说回忆起以前经历的感觉就像是一系列的记忆触发了一个又一个记忆。幸运的是——或不幸的是——她的记忆触发激活是大脑自发的，而不是像我们一样有意为之的。她声称自己完全无法控制这种大脑活动，所以每次被激活的记忆总是过多。她说："感觉就像是面前有很多分区屏幕。跟一个人说话的时候，我会看到很多其他的东西。"就目前对该问题的研究结果看来，HSAM

人群大脑中的激活扩散活动可能比普通人要高效得多，但却并不完美。所以，他们能够比我们更迅速、更精准地搜寻自己的记忆库，找到需要的信息。

天赋之岛

现在我们来探索另外一个与超常记忆力有关的话题——自闭症。我敢打赌，说到这个你们都想到了一部电影——《雨人》（*Rain Man*）。《雨人》在1988年赢得了奥斯卡最佳影片奖，描述了一位患有自闭症的成年人的故事，他低能、有严重的社交和认知缺陷，却有着非同一般的超强记忆力。电影主人公的原型，是一位叫作金·匹克（Kim Peek）的自闭症患者。

今天我们会把雨人归于HSAM人群吗？答案是否定的。他的确有天生的超强记忆力，但他记住的大量信息都是事实和数字，而不是自然的自传式记忆（像AJ那样的）。而且，他也不是唯一一个有超强记忆力的自闭症患者。

在所有确诊的自闭症患者中，大约有十分之一拥有超强的记忆能力，我们称他们为自闭症特才。2009年，精神病学家达洛德·崔佛特（Darold Treffert）总结了我们当前对这个现象的理解：自闭症特才一般因自闭症或脑损伤而有严重的发育障碍，但同时特别擅长某件事，比如拥有超强的记忆力。这类人群的技能有的是"零星技能"，即非常具体而专门的技能，他们的专门技能水平与普通大众相比可能不甚突出，但在他们的群体中可以算是佼佼者；有的人，也就是自闭症特才人群，则拥有惊人的特殊技能，让没有认知障碍的普通人群也叹为观止。

自闭症特才展现出来的天赋之岛是因人而异的。比如金·匹克的母亲弗兰西丝·匹克（Francis Peek），向其传记的作者丽莎·汉森（Lisa Hanson）介绍说，金·匹克在与人交流方面有很大的障碍，但是他的天赋表现为拥有像百科全书一样的音乐、地理、文学、历史等各个领域的知识。于是问题来了——像HSAM人群一样——"金·匹克"们为什么会拥有如此惊人的记忆力？

尽管"金·匹克"现象是与脑损伤、发育障碍等异常情况伴随发生的，但是仍然可以被看作是超忆症。这是与失忆症完全相反的现象。

自闭症一直都与失忆症、超忆症有明显的联系。1985年，马萨诸塞州总医院的医学博士玛格丽特·包曼（Margaret Bauman）和托马斯·凯姆帕（Thomas Kemper）在解剖一位自闭症患者的尸体时，第一次发现自闭症可能与海马体异常有关，当今很多研究者仍然同意这个观点。德国弗莱堡大学医疗研究员西蒙·迈尔（Simon Maier）参与的研究团队发现，有证据可以证明自闭症谱系障碍与患者的海马体增大有关。一篇关于此话题的科学综述中提到过，2009年来自以色列班古里昂大学的神经科学家多力特·沙罗姆（Dorit Shalom）提出，自闭症患者大脑中，与情景记忆有关的前额叶边缘系统都有损伤，但负责其他记忆的区域没有受损伤影响。也就是说，自闭症患者有关自己生活经历的某种类型的记忆力非常差，这与失忆症的特点非常不同，因为这并不是完全没有形成这些记忆的能力，而只是有缺陷。

多力特也表示，非低能的自闭症人群只有轻微的社交障碍，似乎非常依赖自己的语义记忆；而低能的自闭症患者大多依赖自己基本的感官系统。这句话的意思是，非低能的自闭症人群可能拥有记住事实的倾向，而低能自闭症人群基本上什么都记不住，导致他们的认知能力既受到限制又不够灵活。

这样看起来，自闭症特才的记忆能力与HSAM人群的记忆能力从本质上是完全相反的。HSAM人群的强大记忆都是关于自己的，而自闭症特才的强大记忆都是与自己无关的。他们是超强记忆力的阴阳两极。难道说，我们一旦有了某一种非凡的记忆力，就不允许有另一种非凡记忆力来干扰？或者难道是因为我们的认知资源有限，所以大脑就是没有办法什么都记得清清楚楚呢？

　　更进一步的问题是，自闭症人群在自传式记忆方面的缺陷，意味着他们自我的概念和个人身份认同仍然是个谜。**如果没有自传式记忆能力，一个人看待自己和别人的角度会非常不同。**自闭症人群被认为没有发展完全的心智体系，剑桥大学的发展精神病理学教授西蒙·拜伦-科恩（Simon Baron-Cohen）把这种发育障碍叫作"精神盲"——理解别人精神状态无能，不知道别人可能有与自己不同的情绪和欲望。如果我们没有自传式记忆中丰富的信息作为参照，我们不但无法了解自我，也无法了解别人的"自我"。

遗忘有多重要

　　HSAM人群和其他拥有超强记忆力的人群都是新发现的群体，所以我们还未能真正了解他们的记忆是如何运作的——我们只能做出理论猜测。自闭症特才人群也非常少见，但有一件事是非常清楚的：你我可能觉得超忆症是某种令人羡慕的超能力，但是对那些超忆症人群来说，这更像是一种诅咒。问一问HSAM患者亚历珊德拉·伍尔芙（Alexandra Wolff）吧，她在美国国家公共广播电台的采访中说："感觉就像你紧紧抓着一切而无法放手，永远都被困在过去的日子里。"

　　还有HSAM患者乔伊·德格兰蒂斯（Joey DeGrandis），他告诉《纽约杂志》："'那件事我已经放下了，眼不见心不烦'——我从来就没有经历过这句话所说的那种感觉……"我见到的另外一位HSAM患者看起来也有同样的特点：需要被肯定，寻求关注，时常向别人倾诉，可能对批评比较敏感。他们都是对社会有贡献的人，并没有让记忆问题阻碍他们过正常的生活，但是他们更加敏感，有时情绪容易出问题，比常人更容易有抑郁倾向，这些肯定跟他们记住了太多过去的事情有关。

有些研究者认为，HSAM现象并不常见，因为进化过程已经把人类这种特质淘汰掉了，能把一切都记住实际上是进化的一个不利条件。

你看，遗忘是很重要的。纽约大学的神经科学家安德烈·芬顿（André Fenton）博士说："遗忘恐怕是大脑所做的最重要的事情之一。"就像我们在现实环境中得一直排除干扰一样——过滤掉别人无关的谈话、视野中无关的事物、周围无关的声音，关掉没用的浏览器窗口，等等——为了专注于需要完成的任务，我们也得避免被与当前情况无关的记忆分散自己的注意力。

斯坦福大学的布莱斯·库尔（Brice Kuhl）领导的一项神经影像研究中（2007），研究者们研究了抑制无关记忆的重要性。他们让参与者学习成对出现的无关联的词，比如番茄—薯条，自行车—椅子，水—夜晚。然后，他们给参与者看一个词，并提问与之成对的另外一个词是什么。如果研究者展示的词是"番茄"，参与者应该说出的答案是"薯条"；如果展示的是"自行车"，正确答案就是"椅子"。关键在于，研究者会故意遗漏几组词。配对练习结束之后，参与者做了一个完整的单词配对测试，同时用功能磁共振仪给他们的大脑成像。

研究者发现，当被测试到已经练习过的成对单词时，参与者的大脑中负责发现并处理记忆竞争的区域，活跃度有所下降。这就证明，与某个概念相关的信息我们遗忘的越多，剩下的信息之间联系就越紧密。

研究者说："这些发现表明，尽管遗忘有时候令人沮丧，但是这是记忆在做调整，因为遗忘能给神经元加工带来好处。"过滤掉关联相对少一些的信息，能够使我们更有效率地进行记忆，让我们能更好地记住生活中重要的事物。如果像HSAM人群那样无法过滤掉不重要的记忆，我们就会处于一种非常不利的状况了。

我们还可以通过另外一种情况，来看一看难以遗忘的记忆带来的不利影响，那就是创伤后压力症候群，或称创伤后应激障碍——PTSD（Post-traumatic Stress Disorder）。根据《精神疾病诊断和统计手册（第五版）》（*Diagnostic and Statistical Manual of Mental Disorders*，5e）中的描述，创伤后应激障碍的一个主要症状是侵扰："对事件中的画面、想法和感觉等反复地、不自主地、痛苦地回忆。"大多数人都同意，如果有什么可怕的事情发生了，我们都希望能忘掉痛苦的回忆，特别是那些无法抑制的。

法国里尔大学的精神病学家奥利威尔·考顿森（Olivier Cottoncin）率领的一个研究团队指出，忍受创伤后应激障碍之苦的人们在进行自传式回忆时，往往会受到干扰。他们把注意力过度集中在某个特定的事件上。2006年他们发表了一篇论文，用实验支持了自己的观点，该实验有30名创伤后应激障碍患者参与，采用了单词表范式进行测试。但是，与斯坦福大学的功能磁共振成像研究使用成对的词组不同，奥利威尔团队采用的是"指导遗忘任务"。实验中，参与者会看到一些单词，每看完一个单词，研究者就会给出指令，要求参与者记住这个词，或者把这个词忘掉。把所有单词看完之后，研究者马上让参与者忽略所有要求忘掉的词，尽可能多地说出被要求记住的单词。

在这项实验中，患有创伤后应激障碍的人最终记住的单词总量显著少于非患者，要求他们记住的单词也记得更少；但是却记住了更多无关的单词。研究者从中得出的结论是，患有创伤后应激障碍的人很难忘掉无关的信息，导致很难记住他们更应该记住的信息。与非患者相比，创伤后应激障碍患者在记忆抑制处理上有显著的不足，也就是说，他们的记忆不如正常人的更有效率，因为他们的大脑陷入了难以忘却的泥沼中无法自拔。其实有些事是互为因果的，很难说这些患者是因为天生遗忘障碍所以有了这种应激障碍，还是因为经历了创伤而导致大脑被"重装"了。

总的来说，看过各种各样关于超级记忆的案例之后，有一件事是肯定的：没有任何人拥有完美无瑕的记忆。确实如此，但是我们应该为此心怀感激。并不是每个人都像HSAM人群或自闭症特才人群那样，在某方面拥有超乎寻常的记忆力，但只要我们的记忆系统运转良好，我们就能很好地记住大部分事物。我们的记忆在功能上是全面发展的，足以应对每天向我们迎面扑来的各种各样的信息。

更重要的是，我们的记忆是自带遗忘功能的。**遗忘是一个很美的机制，修剪掉多余的神经元联系，让大脑更高效地储存更重要的信息。**明白了遗忘的意义之后，我们就会发现，记住一切的能力并非什么值得向往的超能力，而是一种极大的负担。

第 5 章
潜意识记忆

为什么我们需要集中注意力才能形成记忆

想象一下自己身处这样的世界：滑动解锁智能手机，点开"学西班牙语"的应用，睡觉，然后——铛铛铛铛——第二天醒来时你已经学完了西班牙语中的所有词汇。某一天，你想彻底忘掉某段不愉快的经历，于是走进当地一家催眠医院，请一位记忆操控专家清除了你大脑中那些令人讨厌的记忆痕迹。想把烟戒掉？想身材持续保持完美？没问题——只需要一段音乐，里面暗暗嵌入了逆向信息："吸烟非常不好"，"甜食都很邪恶"。

市场上的很多产品都标榜能通过催眠有效地帮你改掉坏习惯，或者很多音频产品鼓吹能在我们睡眠时对我们的大脑进行"重新编程"，从而吸引消费者打开钱包。为了理解这些产品以此类"功效"为卖点的原因，我们首先得理解"注意力"在记忆过程中所起到的作用。

我还记得，在大学里上的第一节记忆科学课上，教授拿起一张纸，等着全班150名学生坐好安静下来，他举起手中的纸说："这张纸代表了我们周围环境中的一切。"然后他把纸对折："这是你能感知到的那些事物。"他把纸再次对折："这是你真正注意到的那些事物。"再次对折："这是你感兴趣的事物。"又对折："这是你的大脑编码成记忆痕迹的事物。然后，这是……（他最后一次把纸对折，已经非常非常小了）你以后能回想起来的事物。"

同学们面面相觑，他想表达什么？教授打破了沉默："今天下课的时候，让我们确保这张纸尽可能地大吧。"这个开场白太精彩了。他用这张纸代表记忆，帮助同学们记住了记忆加工的几个核心组成部分。他讲解了最基本的原理，即我们得先感知事物（也就是看见、听见、感觉到、闻到或者尝到事物），才能进而把它们编写入记忆程序；随后，他又强调了注意力的重要性。他为什么要这样做？因为注意力是形成记忆的先决条件。简而言之，注意力是联结现实与记忆的黏合剂。如果我们根本不注意环境中的刺激，我们就记不住它们。注意力和记忆相互缺少了谁都不能正常运转。

这个基本原理甚至适用于那些我们真的看到了的、感知到了的，却没有真正注意到的事物上。回想一下你在学校的日子吧，你盯着讲台上的老师，但是思绪却飞到了九霄云外，老师到底讲了些什么你根本就没能加工——更别说之后的回忆了。

注意力对于记忆的重要性也可以用来解释，为什么第一次见到一个人的时候，我们总是记不住他的名字——因为我们同时需要处理太多新信息，所以这个人在说自己的名字的时候，我们没办法集中足够的注意力在名字上，而是在忙着处理其他信息："领带不错。他这是什么地方的口音？他看起来有点紧张。他是不是单身啊。他的香水是什么牌子的？"什么都在想，就是没记住他的名字。

好吧，我斗胆断言记忆过程需要注意力，根据实践经验来看，这个想法没错。不过说实话，有一项研究是反对我这种观点的。2012年，以色列魏兹曼科学研究院的神经生物学家阿纳特·阿尔齐（Anat Arzi）率领的一个研究组，研究了人们在熟睡状态下的记忆。他们把研究结果刊登在《自然神经科学》（Nature Neuroscience）期刊上时，使用了一个非常直观的标题——《人在睡眠时能够学习新信息》。研究小组发现，如果在参与者熟睡时给他们听一个声音，同时让他们闻到某种气味，他们可以在声音和气味之间建立一种关联；参与者醒来之后，研究者播放同样的声音，参与者就开始嗅周围的空气，好像在下意识地寻找某种气味。参与者完全不记得自己曾经闻到过什么气味，所以当那个特定的声音响起时，他们也分不清与这个声音关联的气味是哪一种。研究者认为这些人已经形成了简单的记忆，证据就是他们听到声音后自动嗅气味的行为。

基本关联的建立，看起来好像超出了一般意义上记忆形成对注意力的要求。各个领域的许多研究人员，包括儿童心理学、医学、心理治疗、认知科学领域等，都试图取得类似的研究效果。有些研究者已经找到了理解注意力加工的方法，能帮助我们把记忆信息的能力最大化；也有很多人发现自己解开了许多记忆之谜。那么，当今科学家认为注意力和记忆之间的联系到底是什么呢？让我们从婴儿的注意力开始说起。

小小爱因斯坦

每个人都爱小孩子，至少看起来是这样的——亲朋好友晒自己娃的频率都不低吧。他们分享自己孩子的每一个"成就"，就好像这是人类在历史上第一次目睹婴儿的发育过程。你看，这是他第一次笑！这是他的第一幅画！他开口说话啦！有时候我只觉得，不论是在现实生活中还是在网络上，这种持续不断乐此不疲的晒娃运动中的每一位家长，都只是想昭告全世界一件很简单的事情："快看呀，我的孩子多美多可爱多特别！"没错，小孩子的确都很不可思议，作为人类这个物种的其中一员，婴儿们已经走上了出色运用本物种高级智能的道路。但是，如果想把我们的高级智能运用得好，他们还需要学习，而学习是一种内在记忆的加工过程——为了永久保存通过接触环境中的事物而得到的效应，我们必须能够记住它们。

如果你也像很多父母一样，希望自己的孩子比同龄人更聪明更优秀，那么你很可能会被所谓的专为两岁以下孩子智力开发而设计的产品所吸引，这类产品都声称可以促进孩子大脑发育，增强孩子记忆力。父母们从1993年发布的一项研究中了解到，听莫扎特的音乐能使学生提高考试成绩。于是，他们让自己的孩子听莫扎特的音乐，想促进提高孩子解决问题的能力。父母们发现了一种视频，说是能训练孩子的智力，能教孩子怎样理解世界，能让孩子学到多样的思维方法。父母们还给孩子报名参加培训班，学习专门的婴儿手语技能。全世界都在刮婴儿早教风，而且好像都有科学理论的支持。

推销婴儿早教产品的公司，总能提供各种各样的证据证明，别的父母给孩子体验了他们家产品之后孩子变得有多么聪明。在这类"证词"中，父母总是会提到自己的孩子专注于该产品的时间特别特别长。如果注意力等于记忆，那么这可能就是早教产品有效的关键，对吧？

错！注意力的确是记忆形成的先决条件（极端特殊的情况除外），但有注意力并不意味着记忆一定会形成。而且当谈论婴儿的注意力时，我们常常只会提到一件事：婴儿盯着某事物看了多长时间——研究人员将此称为专注凝视。我们从自己的经历中就能知道，单纯地盯着某事物看一段时间完全不足以证明我们是全神贯注的，我们还需要把注意力集中在想记住的信息上，辨认总结出规律，同时还需要过滤掉所有不重要的信息。

对婴儿来说，特别是年龄非常小的婴儿，这简直是不可能完成的任务。他们还没有能力辨别眼前这个花花绿绿的神奇屏幕上，哪些东西是最重要的，他们甚至不觉得眼前这个东西是房间里最值得注意的。所以父母热切期盼孩子吸收的信息，实际上根本没有让孩子产生共鸣。更别说刚出生没几个月的小婴儿了，他们可能根本看不见面前复杂的早教视频，因为他们的眼睛还无法看清楚远在自己鼻子几英尺①以外的东西。很不幸，你在厨房刷碗的时候，你的孩子并没有从你给他看的视频上学到任何有用的东西。

不过也别把我的话都当真理。2010年，有一项名为"婴儿能从'婴儿媒体'中学到东西吗？"的研究，是由弗吉尼亚大学的朱蒂·德洛奇（Judy DeLoache）等人研究了12~18个月大的幼儿利用某一品牌的学习产品学习语言的效果。他们发现，花了四星期看这款教育视频学词汇的孩子，并不比大人没有专门教的孩子学得多或者学得少。不过，研究者也发现，如果大人在日常活动中教孩子说话（而不是让孩子看视频），那么孩子学到的词就会显著增多。看起来孩子更喜欢直接的互动，而其他研究也提供了类似的结果。**让孩子直接参与到任务中，直观地听到某种语言，被证明能更有效地发展孩子的记忆力，远远比看视频有效。**

所谓的婴儿早教媒体一般都被证实无效，实际上，一项对婴儿早教媒体的大范围研究得出了负面的结论——2007年华盛顿大学的弗莱德里克·兹莫曼（Frederick Zimmerman）团队发现，看电视对孩子语言发展非常不利。他们向1008个家庭的父母询问了他们的小孩接触电视等媒体的习惯，并让这些父母填了《麦克阿瑟–贝茨沟通发展量表》，来测量他们孩子的语言发展情况。测试发现，8~16个月的孩子每天每看一小时的电视（或媒体视频），学到的词就会少6~8个。

婴儿早教媒体的无效性已经得到学术界和专业人士有力的证明，所以大型儿科机构针对该问题提供了清晰的指导。比如在2011年，美国儿科学会（AAP）明确指出，两岁以下的儿童完全不应该看任何时长的视频，即不能看iPad、iPhone、电脑或电视。父母如果想最有效地帮助孩子智力发育，应

---

① 1英尺=0.3048米。

该和孩子多玩耍多互动。父母中常让孩子看视频的大约有90%，这个研究结果对他们来说可能是个坏消息，而且实际操作起来的困难非常大，但是他们可以尽可能地减少让孩子看视频的时间。以后当你既需要照顾孩子又需要做家务的时候，也许你可以选择先哄孩子睡觉，或者让奶奶或姥姥陪伴孩子，或者把孩子放在婴儿围栏里，不要让孩子看电子屏幕了。

以上这些都说明，注意力与一系列复杂的生理过程、心理过程共同作用，才能使记忆得以形成。只是盯着看并时不时地做出反应是远远不够的，我们也可以扪心自问，这些反应真的能代表我们正聚精会神吗？如果这些反应不是集中注意力的反应，那它们是什么？

"失明"却快乐着

你"失明"了，而你应该为此感到高兴。更重要的是，你不是一个人，我们都"失明"了。在有关注意力的一些具体观点上，科学家可能会意见相左，但是他们一般都公认一点，那就是：注意的过程是选择一部分信息用作将来的加工处理，同时选择抑制另外一部分信息。把注意力集中在某个事物上，要求你对外部环境和自身内部环境中铺天盖地的大多数信息选择视而不见、听而不闻。正是这可靠的过滤网，让你能免受来自感官和思绪的侵扰，它们总想告诉你："嘿，你饿了吧！你有点冷吧？坐在你旁边那个人穿了荧光色的衬衣哎！哦，别忘了一会儿给爸妈打电话。前面那两个人的谈话听起来好像蛮有意思的！啊，你喜欢这首歌！对了，要不还是先把工作做完吧……"你知道你有多厉害吗？你可以在自己完全意识不到的状态下，把上面这些信息统统处理并过滤掉。

当我们专注于某个事物的时候，我们对其他事物能有多"失明"？已经有很多实验研究演示过了，其中最著名的一项研究，是由哈佛大学的丹尼尔·西蒙斯（Daniel Simons）和克里斯多夫·查布利斯（Christopher Chabris）完成的，并在1999年发表。他们让参与者看一段视频，视频中有一组人在相互传球，参与者需要数数球一共被传了多少次。视频放完之后，参与者被要求马上把传球次数写下来；随后，研究者问了参与者一系列非常规的问题，其中包括"你看没看到一只大猩猩从镜头前走了过去？"最多的回应当然是："我为什么会看到一只大猩猩？"这个嘛，原因很明显——视频中的人们传球时，一个人穿着逼真的大猩猩服，以正常的步行速度从人群中间穿了过去。在这项演示"专注时选择性失明"的实验中，46%的参与者由于全神贯注地数传球次数而没有发现从人群中走过的大猩猩。这种效应叫作"变化盲视"（Change Blindness）。

不仅仅是看照片看视频的时候，变化盲视在我们的生活中随时都有可能发生。心理科学家丹尼尔·西蒙斯和丹尼尔·莱温（Daniel Levin）在1998年发表了一项研究成果，向我们展示了这样一个有意思的现象：如果一个陌生人向我们问路，谈话中我们被什么分神了一小会儿，此时另一个陌生人过来把刚开始问路的人换走了，我们几乎发现不了自己是突然在跟不同的人讲话。还有一位来自西华盛顿大学的心理科学家伊拉·海曼（Ira Hyman）与他的团队在2010年表示，如果我们在街上一边打电话一边走路，甚至根本不会注意到路边有一个小丑在骑独轮车。正是因为变化盲视，我们在日常生活中才会忽略了伙伴的新发型，或者开车的时候说"天呐，这个人是从哪儿冒出来的"。这个现象很普遍，很可能在动物界也很常见——最近在企鹅和黑猩猩身上都观察到了该现象。由此看来，有时候我们即使的的确确是在"看"，也根本没"看见"。

变化盲视是两个遇到瓶颈的加工程序的功能——一个需要过滤大量的信

息，一个一次性只能过滤这么多信息。第一个加工程序，是我们通过感官感知世界的有限的能力；第二个加工程序，是我们有限的短期记忆容量。第一章中提到过，我们的短期记忆真的非常"短"，只能持续大约30秒钟，而且容量非常有限。也就是说，当我们经历过一个复杂的场景，我们几乎不可能记住其中的所有细节。

可能还有第三个原因。伊拉·海曼认为，是我们记忆中有关经历的概念表征导致了变化盲视。这些表征非常抽象——就是我们第三章中讨论过的要义记忆痕迹。海曼解释说："我对朋友相貌的印象其实比较模糊。令人惊讶的是，我和朋友、世界的互动却因此更好了，因为我无时无刻不在重新认出他们，比如他们换了衣服，剪了新发型，或者我在不同的光线条件下、不同的地方见到他们的时候。"这些看似不足的记忆功能之所以存在，可能是因为它们能带给我们更大的适应性优势。

有的时候，我们不仅会有变化盲视，还会有变化"双盲视"。2000年，丹尼尔·莱温和他的团队在肯特州立大学进行了一项实验，表明我们大多数人都会有一种元认知错误，叫作"变化盲误"（Change Blindness）。他们让研究参与者评判一下，自己能发现四个情景中变化的可能性有多大。四个情景其中的三个已经预先在这些参与者身上测试过了，变化盲视发生率是100%；第四个情景，就是刚刚提到过的，参与者被一个迷路的人问路，谈话中问路的人趁机换人（这个人视线隐藏起来不被看到）。纵观四个情景测验，有70%到97.6%的参与者表示自己能注意到研究者描述的变化，而且给自己的打分非常自信。可是结果呢，我们显然过高估计了自己处理现实场景的能力，过低地估计了自己的变化盲视。

由此看来，集中注意力使我们只能注意到一小部分信息，这样我们就有可能真正地加工处理这些信息，而且在某些特定的情况下，记住这些信息以备将来之用。**记忆根据过去的经验，告诉注意力哪些才是重要的信息；注意力给记忆做出反馈，更新我们对于世界的内在认知。**尽管研究者们对于"这个加工过程为什么能够或不能把信息写入长久性的记忆"的问题莫衷一是，但他们对一种观点都一致认可，即睡眠是我们内在注意力不集中的信息处理过程。然而有时候，感觉又好像我们能在睡梦中学习或记住新发生的事情——就像那个参与者在睡眠时建立"声音—气味"关联的实验呈现的那样。那么，当我们睡觉的时候，"记忆"身上到底发生了什么事情？

睡眠与记忆

我觉得睡觉很有必要，但却很令人讨厌。如果可以，我会选择跳过所有晚上的睡眠时间。关于睡眠这件事，更令人沮丧的是，科学家并不完全了解我们为什么需要睡觉。我们深知每个人每天需要7~9个小时的睡眠；也知道睡觉的感觉，就像完全失去了知觉，又满脑子都是以假乱真的错觉。我们也知道什么情况下睡眠会发生：完全安静、凉爽而舒适的夜晚。但是为什么我们需要睡觉？只是为了休息、恢复能量？这听起来并不是个充分的答案，因为我们不需要失去意识，单单是窝在沙发里一段时间也能休息并恢复能量。

德国图宾根大学的生物心理学家戈登·菲尔德（Gordon Feld）和苏珊娜·狄克曼（Susanne Diekelmann），在2015年的一篇论文中阐述，做梦是"活跃的线下信息加工过程，对学习和记忆的正常运行起着重要作用"。他们还表示，我们的记忆痕迹以及痕迹之间的联系，在我们睡觉的时候会重新播放，就像是过去这一天的回放。具体说来，他们认为有一种"激活系统巩固原理"能帮助我们理解记忆和睡眠之间的关系。这个理论认为，我们清醒时形成的记忆会在"慢波睡眠"（Slow Wave Sleep）状态时得到巩固。他们认为睡眠就是这样帮助巩固记忆的：通过重复神经元之间的联系，回放我们的经历，从而使某些记忆变成永久性的记忆。

根据斯坦福大学的神经科学家戈登·王（Gordon Wang）等人在2011年发表的观点，睡眠在这两方面显得尤其重要：一是把大脑在白天达到的活跃度降低；二是尽可能减少不太重要的联系，来提高大脑的工作效率——这是前面提到过的突触修剪过程。戈登·王的团队认为，这个过程使我们能够保留最重要的记忆痕迹，同时丢弃不必要的"日常经历的噪音"。

睡眠为大脑提供活跃度下调的必要性，另一个原因可能源自我们大脑对谷氨酸盐的依赖。大多数人知道"谷氨酸盐"这个词，是通过食品添加剂"味精"，而且使用味精与大脑中的谷氨酸盐在化学成分上有联系。谷氨酸盐是大脑中最常见的神经递质，能打开神经元细胞之间的主要交流通道。钙由这些通道流进细胞，激活神经元进行记忆痕迹的化学编码，使我们能够为复杂记忆形成必要的信息网络并随时取用。我们的大脑释放谷氨酸盐，这是形成记忆的基本化学程序；这些谷氨酸盐留在大脑中，直到我们睡觉的时候把它们耗尽。但是尽管我们需要谷氨酸盐来制造记忆，太多谷氨酸盐却对健康不利，会引起兴奋性中毒；也就是说，过多的谷氨酸盐会使谷氨酸受体过度激活，钙过度积聚，导致脑细胞损伤和死亡。而睡眠可以避免谷氨酸盐过度产生，从而使脑细胞免受自我摧毁。

然而，在睡眠过程中并不是一切介质的含量都被下调了的。2004年，纽约大学医学院的杨光等研究者发现，学习后睡一会儿觉能增加突触连接形成的数量，而这被认为是记忆存储的基础之一。突触连接是树突（脑细胞之间的联结）上像门把手一样的突起，大部分突触都位于此处。一般来说，突触连接的增加能使记忆力改善。杨光和他的团队是在让老鼠学习一项新技能——在快速转动的旋转杆上跑步——的过程中发现了这个现象。随后，他们查看了老鼠的大脑，在运动细胞中注射了一种能散发荧光的蛋白质，从而监控这些细胞的增长。他们发现，学习新技能后被强迫不能睡觉的老鼠，所形成的突触连接数量显著少于那些睡过觉的老鼠，而且记忆力也更差。

睡眠中发生的记忆处理程序或许能够帮助我们明白，我们为什么会做梦——我们经常梦到类似于白天经历过的那些事情、那些人、那些情景或者情绪。我们知道睡眠时，不同的记忆或被丢弃或被增强；在这个过程中，相关的记忆痕迹可能被激活，由此制造出了梦境。当然大部分时候，梦都是记忆痕迹毫无逻辑的组合，梦境中显现的很多事物在现实中或许永远都不会发生。

由此看来，**睡眠是我们增强记忆、重组记忆、改变记忆的一个方法**。说起巩固新记忆或者复杂记忆，那句老话说得真没错，的确应该"睡一觉再做决定"（Best To Sleep On It）。不过，我们能不能进入梦境中，学习新的复杂信息呢？

心理电话

20世纪20年代，人类见证了"心理电话"（Psycho-phone）的诞生。1928年，阿卢瓦·萨里格（Alois Saliger）正式申请了这项专利。萨里格是纽约的一名商人，《纽约客》在1993年对他的采访中说："（他）又高又瘦，嘴唇很薄，有着犀利的眼神和宽阔的额头。"

他发明的这个设备是一个可以用钟表触发的音频播放器，这样你睡觉的时候它就会自动开启，这种"时控机器"就开始播放萨里格的录音。他会以舒缓的声音，用第一人称"我"怎样怎样的叙述方式，告诉正在睡觉的人睡得如何，从而暗示他们的潜意识会受到"我"的指引。然后，萨里格就会开始进行睡眠治疗，不断重复类似的话："钱喜欢我，它们会自动找到我。生意喜欢我，它们会自动上门……我很富有，我是成功人士……"萨里格说他的设备很有效用，因为"自然睡眠与催眠是完全一样的，而且自然睡眠状态下，潜意识更容易接受建议。这是已经被证实了的。"

网上随便一搜，还能看到很多类似的、帮助人们实现梦想的音频产品，这类产品常见的广告词是"睡眠学习"或"潜意识学习"。这些产品会做出各种各样的承诺，比如"发展极强的动力""克服社交恐惧""认为你自己很瘦""帮你把记忆力提高75%"等，甚至还有抗衰老的项目在出售。2013年，纽约西奈山伊坎医学院的健康心理学家玛德丽娜·苏卡拉（Madalina Sucala）与她的国际研究团队在一篇科学综述中提到，在智能手机应用商店上出售的催眠应用至少有1455个，本质上来说，这些应用都是高科技版本的心理电话。

在几个主要用途方面，这类产品都宣称自己非常有效。不难看出，一旦这些产品被证明真实有效（在20世纪的使用中的确有效），那么军队、专业机构和教育机构马上就会对它们非常感兴趣。为了用更科学的方法来测试"潜意识学习"产品声称的好效果，兰德集团（RAND Corporation）[①]的武器研究员查尔斯·西蒙（Charles Simon）和威廉·埃蒙斯（William Emmons）于1956年进行了一系列研究。刚开始他们的想法是，能不能把这项技术应用到军事训练中去，或者能否将它转化成武器。他们测试了参与者在不同苏醒程度下对不同音频材料的反应，同时用脑电图确认参与者的确是在熟睡状态。这项研究的参与者在实验过程中的确是熟睡状态——这应该是进行任何类似实验的首要条件，然而查尔斯·西蒙等人却是第一批对此进行确认的科学家。

---

① 译者注：或称兰德智库，美国著名的非营利研究机构，为美军从事各项研究，提供"客观精准的分析和有效的解决方案"。

他们的结论是："研究结论支持了之前的假设，即睡眠时进行学习是不可能完成的。"他们发现，让参与者在睡眠状态听学习音频并没有展现出什么效果，这让众多科学研究者大失所望。大多研究者都觉得这种研究可以了结了，不必继续下去，但是还有那么一小部分科学家仍然心存希望，继续从事着这方面的研究，尽管速度不是那么快。

1995年，在一系列针对老鼠恐惧反应的神经影像与行为实验中，来自巴黎大学的伊丽莎白·汉娜文（Elizabeth Hennevin）等人表示，动物在睡眠时能够形成新的关联，睡觉时接收到的信息在它们醒来后可以对其行为产生影响。具体来说，他们认为这些影响在矛盾睡眠期（Paradoxical Sleep）可以达成，异相睡眠与慢波睡眠的深睡期临近。**所谓矛盾睡眠，就是指睡眠时眼球快速运动，脑电波近似清醒脑时电波的睡眠——大脑像清醒时一样活跃，但人却在熟睡状态，因此被叫作矛盾睡眠或异相睡眠。**于是汉娜文及其同事总结出，相同的睡眠学习过程应该能在人类身上奏效，因为我们的大脑与老鼠的大脑在很多重要的方面都很相似。如果人的大脑处于类似清醒的状态，那么这个人就有可能接收刺激，至少是在基本感官层面上能够接收刺激。如果真的是这样，矛盾睡眠期可能就是睡眠学习的关键所在。

20多年后的2014年，来自瑞士苏黎世大学的马伦·科尔迪（Maren Cordi）率领研究团队，对类似"睡眠时强化学习"的论断再次进行了实验测试，实验中采用了神经科学领域和睡眠研究的新知识。研究团队在16位成年参与者身上接上电极，电极另一端连接测量多项生理反应的仪器。他们用脑电图测量大脑活动，用肌电图测量肌肉活动，用眼动电图测量眼球运动，所有这些都能够表明参与者是否真的睡着，以及他们是否已经处于深度睡眠状态或矛盾睡眠期。

实验从晚上9点开始，参与者身上连接好设备之后，从10点半睡到凌晨2点。然后研究者叫醒他们，给他们展示一项学习任务：记住15对卡片的位置，卡片上印有各种动物和日常生活用品（就像我们平时玩的卡片配对记忆游戏）。进行这项学习任务时，参与者还会闻到一种特殊的气味。然后参与者被要求继续睡觉，生理指标显示他们已进入矛盾睡眠期时，研究者让一些参与者再次闻到相同的气味，另一些参与者则不闻任何气味，因为研究者认为闻到学习时的相同气味能够加强记忆。最后，参与者又被叫醒，在一个没有特殊气味的房间进行了卡片配对测试。

那么，科尔迪的团队有什么发现吗？没有，没有任何结论能够支持"睡眠中能学习或强化新的复杂信息"的假设。他们发现，在矛盾睡眠期又闻到相同气味的参与者在记忆测试中的表现，与其他参与者没有任何不同。

我们到底能不能像潜意识学习产品所宣传的那样，在睡眠中学习复杂新信息或显著强化记忆呢？答案非常确定：不，可，能。没有任何证据表明，我们在睡觉的时候能学习新单词、新知识或者听听录音来使性格变好——即使信息是苹果手机应用以对话的形式传输给我们的，也没用。正如玛德丽娜·苏库拉（Madalina Sucula）和她的研究团队报告的那样："技术进步的速度超越了支持该技术的科学理论。"真正"在睡梦中走向成功并暴富"的人，只有那些向你兜售潜意识学习产品的商人。

有没有其他办法能影响"没有集中精力"的大脑呢？心理电话的拥趸们试图把基本的催眠形式推而广之，期待被音频催眠后发生奇迹是远远不合时宜的。也许我们可以请专家来操作这项技术，从我们清醒的时候就开始催眠，这样就能帮我们收获那些睡眠学习产品所标榜的好处，甚至可以让我们挖掘到记忆深处隐藏的宝藏。

催眠面面观

"根本没有催眠这回事。"这是我一贯的回答。

当我的学生、朋友或者家人想跟我聊催眠的时候，我一般都会让他们打消这个念头。催眠根本不存在，因为我知道从来没有这回事。我对此非常确信，甚至还有点不屑，就像对那个你不想在晚宴上看到的人一样不屑。

但是，我妈妈觉得自己曾被催眠过一次，于是从一个怀疑论者变得对催眠深信不疑。像她这样的人还有很多——有一种催眠师，一生靠表演大量的催眠过活；在表演中，被他催眠的人要么像一块木板一样硬邦邦，要么听他的话把衣服都脱掉。也有一些催眠师，声称能够用自己的技能对病人进行心理治疗或医学治疗，从而帮助他们恢复。我的一个朋友是一位医学博士，坚持认为催眠对缓解疼痛非常有效，而且可以用来替代麻醉剂。他相信催眠有效的程度，相当于我相信催眠并不存在的程度。

也有相当一部分人坚定地相信，催眠对我们的记忆力也有帮助。英国赫尔大学的吉丽阿娜·马佐尼（Guiliana Mazzoni）等人在2014年的一篇综述中表示，关于催眠的固执想法之一是，催眠能帮助我们极大地提升记忆力，增强我们记忆新信息的能力，甚至还能使我们深入过去，揭开尘封已久的记忆。

这样的观点在最近的一些调查研究中得到了类似的回应。比如在2011年，心理科学家丹·西蒙斯（Dan Simons）和克里斯·查布利斯（Chris Chabris）对美国1500名成年人进行了调查研究。他们想尽可能得到有代表性的样本，从而真正了解大部分的美国群众究竟是否相信催眠对记忆有利。在他们调查的人中，有55%认为记忆能够通过催眠而增强。2014年，在美国的另一项研究中，加州大学尔湾分校的劳伦斯·帕提西斯（Lawrence Patihis）与同事发现，44%的大学生相信"催眠能帮助一个人找回之前自己不知道的记忆"。好吧，也许我太严厉了。所有这些对催眠深信不疑的人们，都能讲出有关催眠强大力量的故事，或许他们的确发现了什么。

我们如果在学术文章中做一个快速检索，就会发现催眠和记忆话题下的研究文章数量有多么惊人，但并非所有文章的质量都属上乘，苍白无力的研究性文章是无法得出明确结论的。不过看起来，催眠研究者们自己也意识到了这一点——科学家皮特·希翰（Peter Sheehan）和坎贝尔·佩里（Campbell Perry）设置了一套催眠研究的指导原则，最早的版本可以追溯到1976年。该指导原则表示："没有任何催眠引导下的行为可以完全归因于催眠的作用，除非研究者预先知道（参与者）对问题的回答不可能在非催眠的清醒状态下发生。"也就是说，我们必须确定在催眠中看到的效应是因为催眠本身而产生，而不是由于日常生活的影响而产生的。如果你在你的朋友清醒的时候让他像鸡一样跳舞，他就跳了；那么，当他在催眠中像鸡一样跳舞的时候，就无法让人信服他是被催眠了的。

我们现在是否准备好看一看几个随机抽取的研究了呢？这些研究在学术研究中被认为是"圣杯"，在催眠这个问题上的结论与我们中一些人的观点截然相反。最近有一些相关研究显示，催眠有镇痛麻醉的功效。有医学研究者证实，催眠可以被用在不能使用麻醉药物的手术中来减少疼痛感，也能给肠道易激综合征患者提供长效的缓解作用，还能用在纤维肌痛症患者身上；也有研究者说催眠能帮助烟民戒烟。尽管如此，那些所谓演示了催眠在帮助形成新记忆、覆盖旧记忆方面有功效的研究，其研究结果从未公布，仍然是个谜。

这使我不禁思考，我和我母亲以及其他人之间的争论，是不是和原来一样只停留在语义上而已呢？这所谓的"催眠"，看起来好像真的可以在某些情况下产生奇效。于是，我开始怀疑，难道是大家使用这个词不如我那样严谨？还是我们所指的不是一回事？

我们所说的"催眠"，常常是指它本来的概念。我们认为这是一种被改变的意识状态，只能由催眠师引发，催眠过程与任何非催眠过程在概念上和操作上都不一样。这个过程有的时候说是能够让被催眠者想起平时不记得的事情，甚至能记得婴儿早期的事情。我常把"催眠"跟一些流行词联系在一起，比如"恍惚""修复"和"无意识障碍"。不过也许这些都是我个人的误解，并不是现代催眠的定义。

如果你需要给催眠好好下一个定义，你会怎么开始呢？2011年，英国的两大催眠组织——英国医学与牙科催眠学会与英国实验与临床催眠学会——开会的时候也提出了同样的问题。看来，不止我一个人认为催眠的定义需要一些澄清。会议中带头做报告的艾文·基尔希（Irving Kirsch）说："大家一致认为，传统上对催眠的定义在逻辑上是不一致的，其中至少有一处需要改变。"逻辑上不一致？

在我看来，这种不一致正是催眠概念有问题的另一个原因。报告的总结说，催眠的定义是利用建议和暗示使人进入被催眠的状态。催眠中的主要特点"暗示感受性"——在这个案例中叫作被催眠的能力——是一个人能被催眠的先决条件。所以，这就是一个纠缠不清的循环争论：究竟是催眠使人们对暗示有反应，还是一个人因有被催眠的能力而使他对催眠有反应？这份报告继续解释道，能够被催眠的人，不论是在催眠状态下还是在清醒状态下，都很有可能听从别人的建议或暗示。就像那个像鸡一样跳舞的朋友，不论他在什么状态下都有可能学鸡跳舞，这就让人很难不受任何干扰地进行催眠的研究。

不论你是临床催眠师，还是牙科催眠师，当你的学科定义有冲突和争议，甚至相互矛盾的时候，你就知道出问题了。不幸的是，这个会议在这个问题上的意见没有达成一致，目前矛盾仍然存在，催眠的准确定义还是模糊不清。这个问题不能只停留在嘴上讨论了，必须得有一个明确的定义。

就算我们不那么计较，承认催眠的确存在好了，但是有很多人根本没有办法被催眠。斯坦福大学的催眠研究者、医学教授大卫·施皮尔格（David Spiegel）说，尽管确切数字还不清楚，但是他估计我们中的25%都是不能被催眠的人。催眠研究显然需要能被催眠的参与者，研究中报告的结论，只是从能被催眠的样本身上得到的证据，其中大多数是仅限于高度易催眠群体的证据，这批人群的数量就更小了。因此，如果研究者说80%的参与者都从催眠中得到了好处，这听起来的确不错，但是在现实生活中，能得到这种好处的人少之又少。如果你想知道自己是不是容易被催眠的人群之一，可以看一看斯坦福催眠易感性量表。斯坦福量表包含了一系列测试，可以在专家指导下使用。比如说，研究者可能会让一个参与者伸出双臂并保持这个动作，然后告诉参与者，他们双臂下挂着非常沉重的物体，让他们想象一下那个重量，想象重物坠着他们双臂的感觉。如果参与者的手臂在研究者的"暗示"下开始向下落，那么这个人就通过了这一部分测试，表明他是可以被催眠的。

尽管这项测试被如此解读，其他的心理学家可能还是会把这种反应叫作"暗示感受性"或"顺从性"，因为这两种反应都与一个人是否愿意听从别人的建议有关。或者，像催眠研究者格拉汉姆·瓦格斯塔夫（Graham Wagstaff）说的那样："有一个现象是非常值得讨论的，很多所谓因催眠而产生的特殊状态，可能是没有考虑社会压力的因素，以及普通人承受能力的结果。"他和很多心理科学家都认为，**我们看到的催眠中的效果，可能只是常见现象影响的结果，比如放松、想象和预期。**

现在回来说语义。如果你只是想用催眠这个词来指代瓦格斯塔夫提到的普通心理现象——大多数时候是"暗示的力量"——那么请尽管使用，没问题。告诉人们闭上眼睛，听从指引，想象美好的事物，或者不要感觉到疼痛，应该会产生不错的效果，比如自我放松，减轻痛苦，变得积极主动，恢复能量等等。甚至可以帮助我们把注意力集中在大脑不同的部分、不同的知觉、不同的刺激上去。这些听起来都是实际而科学的效果（事实也的确如此），而且我们不需要借助巫术一般的被催眠状态就能达到。

被催眠的人都在认真聆听催眠师说的话，他们选择被催眠并做出相应的行为。也就是说，他们的注意力仍然在起作用，使各种刺激在他们的身上产生行为上和心理上的影响。有大量科学证据显示，催眠在一些医疗案例或心理案例中的确有功效；但是关于催眠能否给记忆带来积极的影响，还没有类似的证据支持。大量媒体（书、电视节目、电影等）都宣称催眠像一把钥匙，能帮我们找回遗失的记忆。很不幸，这的确不是真的。

假如一个人成功地进入了所谓的"催眠"状态，听到某件事情的暗示，这个人极有可能想象出从未发生过的事情，形成虚假记忆。比如说，1962年，波士顿大学的医学科学家西奥多·巴伯（Theodore Barber）在一项研究中发现，很多声称自己在催眠中回溯到儿童时代早期的人们，都展现出了像孩子一样的行为，他们都声称自己的童年记忆重现了。然而在进一步的检测中，这些"回溯童年"的参与者给出的回应并不符合儿童实际会有的言行、感知和理解。巴伯认为，参与者感觉就像回到了自己的早期时光，但实际上这种"昨日重现"只不过是重新创造演绎出了一段"经历"，并非真实记忆。

与此类似，如果在心理治疗中把暗示、探求性问题与催眠结合起来使用，就有可能使一个人产生复杂而逼真的虚假创伤记忆，我们会在第10章对此展开讨论。

最后，从记忆科学的层面上来说，我的观点丝毫不变：催眠？根本没这回事。

你被洗脑了

在我自己的研究中，我经常能用富有复杂情绪在内的虚假记忆，让人们相信自己做了其实绝对没做过的事情，而且他们总能清清楚楚地告诉我这些事情中的每一个细节。当我跟别人讲自己的工作时，他们问我的问题总是一成不变：是不是用了催眠手法才取得了这种效果？我一遍遍解释，根本不需要这些技巧就能达到这个效果，他们几乎都会接着问："那你是怎么给他们洗脑的？"

我总觉得，洗脑听起来像是蝙蝠侠漫画里的大反派才会用的招数。这个词是20世纪50年代流行起来的，那时候人们从两次世界大战毁灭性的影响中幡然醒来，试图解释世界究竟发生了什么；为什么那么多的普通人，竟然会实施大屠杀这种罪恶滔天的暴行。1957年，精神病学家威廉·萨金特（William Sargant）①把"洗脑"定义为"影响大脑的手段，可以使用多种媒介，有些显然是好的，有些显然非常险恶……信仰不论好与坏、真或假，都可以强行植入人的大脑……人们的信仰可以被转换成其他的任意一种，甚至可以与之前的信仰完全相反。"

我个人对这个词的理解是，洗脑指的是改变一个人的意识形态或认知，也就是改变人们关于世界的想法和认知。在一些特定的记忆研究中，包括我自己的，科学家已经能够对一个人看待世界的方式产生微小而短暂的影响——比如让无辜的人相信他们犯了罪。在第7章中，我会详细说明这是如何做到的。这个过程可以说与洗脑的过程有着相同之处，但有一个很重要的

---

① 译者注：是一位备受争议的英国精神病学家，他是虔诚的基督徒，推动并发扬了一系列治疗精神病的方法，例如精神外科手术、深睡眠疗法、电休克疗法、胰岛素休克疗法等。

不同点是，我们会做大量而严格的事后情况说明，一步步确保实验不会对参与者的世界观造成永久的扭曲或伤害，如果参与者还存在任何实验引起的虚假想法，我们一定会向其揭开真相。至少在我看来，洗脑一定是有目的性的——改造人们根本意识形态的意图——这绝不是我和同事想做的事情，我们只想探索记忆的工作原理而已。

我在使用"洗脑"这个词上还有点犹豫，更倾向于使用一个更普遍的词语——"影响"。在我们的日常生活中，的确有很多人们在没有意识到的情况下被改变思维和行为的例子。宣传——广告宣传和政治宣传——是对信息进行选择性的呈现从而影响我们的观点和行为的手段，这在我们的身边随处可见："买这瓶饮料吧，它会让你幸福，朋友永相随！""给这位政治家投一票吧，他会让一切都变得更好的！""参军吧，参军既刺激又好玩！"类似的宣传广告无所不包，都有可能影响我们每天所做出的决定。但是在绝大多数的情况下，我们尽管可能意识不到这类宣传正在改变我们的看法，却能发现自己每天都被它们所包围。这就叫作意识广告（Supraliminal Advertising），即我们主动感知的广告。我们知道，在街上看到广告宣传板，在电视上看到广告片，商店里的商品被用心摆放起来，这些都是为了抓住我们的注意力和我们的钱包——我们又不是傻子。这些广告和洗脑的作用可能是一样的，但是并不像洗脑那样偷偷摸摸地把真实意图隐藏起来。

即便如此，有一些我们看不到的东西仍然在影响着我们——潜意识信息。哥伦比亚大学的研究员多布罗米尔·拉涅夫（Dobromir Rahnev）及其同事认为（2012年）："尽管一般的观点是，注意力和意识是更高层次认知过程的必要条件，但是最近的研究开始表明，在某些案例中，参与者的复杂行为可以在无意识注意的情况下受到影响。"另有一项研究可以作为上述研究的支持：2009年，阿姆斯特丹大学的西蒙·凡·加尔（Simon van Gaal）

及其团队发现，潜意识的停止信号对参与者完成简单电脑游戏的过程存在影响，游戏中参与者需要分清两种有颜色的圆圈。在这个实验中，实验信号在屏幕上出现的时间非常短，只有16.7毫秒，根本没有参与者说自己看到了这个信号。除此之外，这些信号还减慢了参与者辨认彩色圆圈时按下相应按钮的速度。

在另一个相关的研究中，来自芬兰图尔库大学的心理科学家米拉·科伊维斯托（Mila Koivisto）和艾维莉娜·瑞恩塔莫（Eveliina Rientamo）发现，在辨认动物的任务中会出现相同的效果：在参与者的眼前快速闪过某种动物的图片，会使参与者更快速地辨认出该动物的另一张照片。比如说，如果参与者之前已经无意识地看过了一匹马的图片，那么在接下来辨认"是不是动物"的时候做决定的速度就更快。但是研究者也发现，这种影响仅限于基础水平的"是不是动物"选择题，并不会影响参与者对其他事物的反应时间，比如辨别不同种类的动物。这种结果表明，这种无意识的信息处理过程对我们行为的影响是非常有限的。

尽管我们对这种潜意识的影响仍然知之甚少，而且类似的影响也不能永远复制，但很有可能是由启动效应（Priming Effect）引发的结果。启动效应也是一种记忆现象，是内隐记忆的一个功能；在该效应的作用下，我们之前的经历会给现在或将来的经历传递信息，而我们却意识不到自己被那段记忆影响了。这种特殊的记忆形式与一般意义上的记忆并不一样，我们无法用普通的方式（利用视觉、听觉、触觉等）回忆起来；这种记忆可以说是更原始的，类似于一种印象或感觉。

"我**喜欢**这个主意""我**信任**这个品牌""我**觉得**我应该慢下来""这**看起来**挺危险的"。或许我们只需要一点点注意力，非常少的一点点以至于都感觉不到，就能把这些深层次的感觉转化为记忆。这些就是能让我们快速分辨出"朋友还是敌人"的感觉，使人类这个种群在几千年中存活了下来。这些感觉仍然是记忆，对我们有强大的影响，只是我们记不得它们的源头罢了。

启动效应首次被发现的时候，有的人认为，这意味着任何种类的潜意识刺激都能引发效应，包括把信息倒着录入需要正向播放的歌曲中（这个过程被叫作"逆向面具"①）。公众非常担心，害怕这种技术会被用于目的邪恶的洗脑行为中。当然，研究者也想一探究竟，看看把信息逆向播放会不会对人产生影响。莱斯布里奇大学的乔恩·沃奇（Jon Vokey）和唐·瑞德（Don Read）在1985年做了一系列研究，终结了对这个问题的讨论，后来把所有研究写入了一篇论文《潜意识信息：在魔鬼和媒体之间》（*Subliminal Messages: Between the Devil and the Media*）。他们问自己："有没有什么证据能够证明，这样的信息会对我们的行为产生影响？"他们的答案呢？"经过广泛而大量的测试，我们无法找到支持这个假设的证据。"他们的说法是——他们之后的科学家的说法也是如此——我们既不能加工处理逆向播放的信息，也无法记住它们，所以我们可以高枕无忧了，逆向信息对我们的信仰和行为都不会有任何影响。

总而言之，我希望这一章已经清楚地说明，**我们需要某种形式的注意力才能制造记忆，而睡眠对于巩固和增强这些记忆有着非常关键的作用。**另外，婴儿智力开发视频、睡眠学习以及催眠和潜意识信息这些手段能够影响我们，这些都是虚构的幻想，而非现实。

---

① 译者注：Backmasking，是一项保密录音技术，真正有价值的信息被逆向灌录在音频中，正向播放音频就无法得到真正的信息。

第 6 章
不完美的警探

为什么记忆中的我们是过度自信的

我是一名犯罪心理学家，时常需要准备一些专家证词。有时候我会发现，案件卷宗中会出现一个又一个可怕的错误：目击证人的证词有问题，受害者陈述不靠谱，或是探员记错了证据是如何找到的，等等。我发现了一大堆令人担忧的问题。

阴谋论者可能会说，任何警察都不能相信，他们甚至还会说警察故意歪曲了案件的事实。我呢，选择相信出问题的不是警察的诚信，他们的确总想尽可能快地完成工作，抓住犯罪分子，保护公共安全。但是他们被安排了几乎不可能完成的任务，那就是以完全可靠的方式利用碎片式的信息拼凑出事件的全貌。

可是很遗憾，他们没有足够的知识来应对记忆问题的复杂性，无法更好地促进调查。2015年，我和伦敦南岸大学的克洛伊·卓别林（Chloe Chaplin）发表了一项研究，我调查了英国的警察，看看他们是否能比大众了解更多关于记忆和其他心理知识。我们分发了含有50道题的调查问卷，结果发现，总体上来说，警察对心理学和法律中一些问题的误解，与普通大众存在的误解一样多，但是他们对自己的回答更加自信。在这些"犯错也自信满满"的警察中，有14%支持"记忆就像摄影机"的传说，18%相信"人们无法对没有发生过的事情产生记忆"。这项研究显示，警察的教育内容存在一定的匮乏，同时还有潜在的过分自信的问题——这一章我们将好好聊一聊过分自信这个问题。

尽管我们都希望，我们的司法部门永远可靠，我们的警察永远能抓住真正的罪犯，但是真实的情况并不总像我们希望的那样。无辜的人被错当成罪犯，因恐怖的罪行锒铛入狱——这种例子真是不胜枚举。"无罪计划"（The Innocent Project）是一个使用DNA技术帮助无辜的人平冤昭雪的非营利组织，至今已经使至少337名被错判入狱的人重获自由，他们的平均服刑时间是14年。在这些冤假错案中，有75%都是因为受到了虚假记忆的误导。这些数据还只是美国一个国家的，得以昭雪的案件都是有DNA可用的，那么在世界范围内，一定有数量极大的人群受冤入狱。

之后对这些错案的重审清楚地表明，当年参与案件的警察都在自己职责范围内尽全力使嫌疑犯被定罪。也许不难推测这些警察有多么粗心大意，或者更糟，他们故意陷害了无辜的人——有时候的确是这样。但也有可能是，他们被心理偏见蒙蔽了双眼，变得视野狭窄——过分倚重能支持他们猜测的证据，而忽视了与猜测矛盾的信息。

这种事情并非只会发生在警察身上，我们谁都有可能犯同样的错误，因为错误的信息可以渗透到我们为了理解事实而编织的任何故事中去。借用世界顶尖法律心理学家皮特·凡·科彭（Peter van Koppen）创造的一个术语，我们所有人都可能是"不完美的探员"，正努力成为没有偏见的证据收集者。

在这一章我们将会看到，当我们需要让某件事情合情合理但又没有足够的证据时，我们就倾向于输入其他貌似合理的内容，来填补信息缺口。在我们心中，一个合理的事件应该是直线式发展的，内容相互有联系、有原因。一旦有了这样看似合理的叙述，我们就会对其准确度变得异常自信。但是，自信和准确度之间到底有什么关系？这些又都与记忆有什么联系？

为何我们总是过分自信

咱们先换个话题。你觉得自己是不是一名好司机？跟你的同龄人比呢？在1981年的一项研究中，斯德哥尔摩大学的欧拉·斯文森（Ola Svenson）问他的实验参与者："我们想知道，你认为你开车是否安全。人们驾驶的安全水平是不一样的……我们想请你估计一下，在这个实验组中你驾驶机动车的安全水平大概如何。"

这是一项考察过度自信的研究，并不是为了评估大家的驾驶安全度。研究发现，多得超乎想象的美国司机和瑞典司机，都认为自己比普通的司机开车更安全，驾驶技术更好。斯文森甚至还让他们专门对比了自己和研究样本中司机的平均驾驶水平，也就是说这些司机都觉得自己比同龄人开车开得更好，而且自己的智力水平也比其他人更高。

这样的回答我非常理解，因为我自己开车行驶在路上的时候，也总觉得其他司机都是蠢货。其他类似研究也表明，大部分人都觉得自己更聪明，更有吸引力，更有竞争力，高于一般的平均水平。我们可能并不觉得自己在任何方面都才华横溢——远非如此——只不过我们都觉得自己在任何方面都高于平均水平。这在数据上就不可能成立——如果每个人都觉得自己高于平均水平，显然想错了。然而，很多研究都表明，这种过分自信的现象在各种领域都存在。警察对辨别说谎者的能力过分自信；学生对自己的成绩过分自信；CEO们对自己所做的商业决定过分自信；教师们对自己的教学能力过分自信，等等。这个问题一直都存在，在《自然》（Nature）杂志2011年刊登的一篇文章中，爱丁堡大学的社会科学家多米尼克·强森（Dominic Johnson）和来自加州大学的詹姆斯·福勒（James Fowler）认为："**人类展现出了很多心理偏见，其中最持久、最强大、最普遍的，就是过度自信。**"

造成这个现象的原因之一，可能是"优越感错觉"（Superiority illusion），即我们都倾向于过高估计自己正面积极的品质，同时低估自己负面消极的特质。这种性格倾向与记忆有着内在联系，为了能思考自己的积极品质，我们需要记住自己在生活中做过的美好事情，来证明这些品质是存在的。比如说，你可能会回想自己在家里为家务而忙碌的时刻，认为自己真是一个好妻子或好丈夫：你倒垃圾，买食品杂货，做饭，洗碗……然而你可能忘了，或者忽略了自己没做这些家务的情况，忽略了自己实际上增加了你丈夫或妻子的额外工作，使他们感到灰心丧气。

2010年，网络公司Cozi在700名男人、女人和孩子中做了一项调查研究，这些人要么已经结婚，要么有稳定的关系。该调查的目的是想了解，家庭关系中的每一个人认为自己做了多少家务，另一半为家务贡献了多少。这类研究有时被叫作"家务战争"（Chore Wars）调查。也许毫无悬念地，女性被认为在家庭关系中承担的家务更多；然而比这个发现更有意思的，是人们自认为对家务的贡献比例。如果我们把家庭关系中每个人自认的单项家务贡献百分比加起来，结果总是会超过100%。拿"安排日程和约会"这件事来说，父亲们一般声称自己负责了50%的日程安排，而母亲们则认为自己负责了90%。一个家务两人的贡献之和超过100%，这显然不可能，那这是怎么回事呢？可能是参与者对研究者的指导产生了误解，但是我觉得还有另一种解释：我们的记忆是自私的。

我们不太可能记住别人所做的事情，但是对于自己做的事情则记得非常清楚。一方面原因是，看对方做家务，或者听对方说做了多少家务，并不能像我们亲自做家务那样有多个感官的参与、提供丰富而复杂的记忆痕迹。记忆痕迹不够强大，就有可能在日后被我们遗忘。另一方面，当我们自己做家务的时候，我们永远都能对该场景形成更强大的记忆。所以很遗憾，这个游戏永远都不利于对方——我们可能会一直觉得自己的贡献比对方的更多、更重要。

除了优越感错觉，我们经常有幸存者偏差——我们更倾向于关注成功而忽略失败，关注某个过程中幸存下来的事物。这是人们普遍常犯的错误，比如很多人会说："史蒂夫·乔布斯从大学退学后成功了，我也要像他一样退学然后取得成功。"他们只看到了一个成功的例子，却忽略了很多情况类似却与功名无缘的人们。

2003年，有一项研究考察了投资银行家中的幸存者偏差现象（Survivorship Bias）。在这项研究中，对冲基金经理高瑞夫·艾明（Gaurav Amin）和伦敦城市大学的哈利·凯特（Harry Kat）调查了1994—2001年对冲基金的投资情况。他们发现有很多投资都提前终止了，没有记录在用来计算新投资风险的数据库中。他们认为，因为数据库中没有记录在案的投资一般都是失败投资，所以该数据库过度关注了成功的投资案例，导致形成了幸存者偏差。研究文章的作者认为，这种偏差的存在意味着"对冲基金的投资回报被高估，而投资风险被低估了"。很多经济学家已经发现，过于乐观的投资行为是引起经济危机的一大罪魁祸首，显而易见，这类投资行为是由幸存者偏差的思维方式导致的。

与此类似，一个警察可能会忽视自己让嫌疑犯做出虚假供述的次数，至少部分是因为他们根本不知道发生过这样的错误——于是他们的内置数据库就忽略了这些信息，就像投资银行家忽略了投资失败的信息一样。只要一个嫌疑犯被关进监狱，这个案件就被认为已经结案了——哪怕这个人是由于警察的失误被关进去的。而警察们也会认为这是一次成功的行动，忽略掉了自己和同事可能犯的种种错误，不切实际地高估了自己。看不到自己的失败，过于关注自己的成就，导致我们对自己的能力和对机会的评估都过度自信，这就是幸存者偏差。

还有一种错觉可能也使我们产生了过度自信的倾向——了解不对称假象（Illusion of Asymmetric Insight），也就是说，我们对自己行为的记忆和对自己的了解，与对别人的相比都更强大、更清晰。2001年，斯坦福大学的艾米丽·普罗宁（Emily Pronin）与同事发表了关于这种奇特偏见的论文，叫作《你不认识我，但是我认识你》（*You Don't Know Me，But I Know You*）。

艾米丽团队有超过六项的研究表明，我们认为自己更了解我们的朋友、室友，而他们没有那么了解我们。比如说，在第一项研究中，参与者被要求列出一个好朋友，然后回答一系列关于"你有多了解这位朋友"的问题，包括"你觉得你了解朋友的感受、思想、动机和个性"等问题。最后，研究者问参与者是否了解他们朋友的"本质特征"。在结尾，研究者告诉参与者，我们每个人都像一座冰山，有一部分可以被人看到，还有一部分藏在水下不为人知。然后参与者看到了几座冰山的图片，这些冰山没在水中的部分不一样多；研究者要求参与者从图中选出最能代表他们朋友的冰山。随后，参与者做了一个反向任务，思考一下他们的朋友会如何回答同样的问题。研究团队另外还做了五项类似的研究，来考察"了解不对称假象"在不同关系的人群中的表现，包括室友和陌生人。

普罗宁等人发现，参与者普遍相信他们自己最内在的特质，包括最隐秘的想法和感受，大部分都保留在自己内心；而别人的这些特质都更容易看出来。他们是有更多部分没在水中的冰山，别人则是水面上的部分更多的冰山。从记忆的角度来看，这种感觉是说得通的，因为我们可以直接接触到并透彻地理解自己的思想和感受，于是这些思想和感受既复杂又细微，别人很难明白。然而另一方面，别人的思想和感受的复杂程度，仅仅通过基本的"表面现象"我们很难甚至不可能完全理解——我们倾向于认为他们就是表面那个样子。我们的普遍观点是："我是一个谜，而我的朋友是一本打开的书。"

这种偏见对于我们做决定和辩论的技巧来说真的非常重要。在最后的研究中，普罗宁等人让80位参与者完成一份个人背景调查问卷，问卷中是一系列与政治有关的问题，包括"你认为自己是自由派还是保守派"，"你反对堕胎还是提倡合法堕胎"。几周之后，研究者询问参与者认为自己所属的这个群体对另一个群体的了解程度如何，认为另一个群体是否足够了解自己所属的群体。比如说吧，研究者问保守派参与者保守派群体对自由派了解多少，以及他们认为自由派对自己所属的保守派又了解多少。研究者发现，自由派和保守派都认为自己更了解对方群体，而对方群体不够了解自己所属的群体；对堕胎问题持相反意见的群体也是这样的情况。

了解不对称现象很好地解释了为什么在吵架和辩论中，我们总认为对方永远不会了解我们的意图。我们也会觉得自己非常理解对方的观点，或许还会因为优越感错觉而坚信自己比对方更聪明，知识更广博。就像普罗宁在她的论文最后所说的那样，如果我们开始想："对方的一切我都了如指掌，而且我知道对方错了，可是他们甚至都不愿意试着理解一下我的观点。他们多理解一下就好了，就会站在我这一边了。"——这是个很容易掉下去的陷阱，也是政治"呐喊比赛"的主题。

过度自信有着非常深远的影响，从我们每天在内心深处评估公平与否时的偏见，到无法给予自己的成败以同等程度的重视和认识，以及自己了解别人比别人了解自己更多的错误设想——过度自信影响了我们生活中的方方面面。即使我们希望自己足够谦虚，尽量避免过度自信的错觉，我们也可能无法真正做到，因为上述各种偏见或错觉，大多是有选择性的记忆加工过程的副产品，我们无法控制。

这样我们就能更容易地理解了，为什么警察会把无辜的人送进监狱。大部分时候，他们对自己辨别一个嫌疑犯是否有罪的能力都过分自信，这种自信中可能包含了我们上文谈到的好几种错觉和假象——他们的警察工作高于平均水平的错觉，他们只会把真正的罪犯关进监狱的假象，他们对案件的理解比别人更深入透彻的错觉。正是这些我们所有人都会有的错觉和假象，才增加了案件被误判的概率。

为何我们总会高估自己的记忆力

过度自信是记忆加工不可避免的结果，而记忆加工程序也有可能成为过度自信的受害者。换句话说，记忆造成了过度自信，而这又造成了记忆中的过度自信情况。

我会试着说得更清楚些。**前瞻性记忆是我们记得在未来某个时刻要做某件事情的记忆。有了前瞻性记忆，我们才能严格执行目标，完成对于未来非常重要的事情。**它就像是我们大脑中的私人助理，我们的内置待办事项清单，提醒我们该去银行了，该去超市购物了，该打扫房间了，下午两点要跟苏菲见面，等等。

这个能力特别酷。可是就像我们所有的记忆功能一样，前瞻性记忆也并非完美的。有多少次，我们信誓旦旦地跟自己说："我会记得住的，我不需要写下来"，结果第二天发现我们的大脑并不擅长这项工作，还不如手机的日程提醒靠谱。就算我们有各种各样辅助记忆的东西，像手机、日程簿什么的，我们也可能会对自己记忆信息的能力过度自信，根本不会用到它们的。这种错误的评估过程就是为什么我们会忘记开会、忘记去邮局取包裹的原因，有些日子里还会觉得自己什么事情都做不完、做不好。我们过度相信自

123

己会记得，于是我们为此付出了代价。

我们会以多种形式付出代价。营销团队知道我们记忆的这个特质，试图进行开发；各种各样的公司越发热衷于把我们的过度自信变现成资本。有很多提供订阅服务的公司都会给客户免费试用一个月的优惠，然后在接下来的几个月里自动扣费。他们的所作所为，就是指望着我们忘记在免费试用期结束以前取消订阅。这很管用，一而再再而三地奏效了。我们总会落入圈套，大概是因为我们觉得"这次我一定会记得取消订阅的"。

在2010年的一篇文章中，商人杰夫·霍曼（Jeff Holman）和法尔汉·翟迪（Farhan Zaidi）探索了这类前瞻性记忆经济学。他们收集了三种提供免费试用服务的数据，发现不但有很多人会选择继续付费订阅该服务，而且如果试用时间越长，人们继续订阅该服务的可能性就越大。在他们收集到的样本中，有3天试用时间的人们中的28%保留了服务，而当试用时间是7天时，保留服务的人数骤增到了41%。

霍曼和翟迪说："各大公司正在延长公司产品的试用期限，这有可能增加消费者（天真地）遗忘的概率……（他们）提供延长了的免费试用或降价试用的时间——可能是一个月或几个月的试用时间，而不是只有几天或几个星期——表面上看，他们是给新客户尽可能长的时间来测试、体验公司产品的好处；然而实际上，这是把消费者的遗忘更充分变现成资本的有效方法。"看来，我们一直都对自己的前瞻性记忆过于自信了。

这里需要搞清楚一件事，那就是"预测**未来的回忆**"和"预测**未来回忆的变化**"是不一样的。免费试用结束之前忘记取消订阅，是应用于"预测未来的回忆"的前瞻性记忆的例子——"我会记得做（某件事）的。"已经有研究考察了我们是如何估计未来我们记忆中的变化的——"我会记得（某事物）的所有特点的。""预测未来的回忆"是有缺陷的，然而"预测未来回忆的变化"更糟糕。

威廉姆斯学院的内特·康奈尔（Nate Kornell）在2011年发表的研究中探索了这一问题。他在一项记忆监控任务中研究了430位参与者，任务围绕的主题是"对学习进行判断"：参与者被要求对自己学习某个事物的学习情况进行估计。一般都会认为，人们对自己未来回忆能力的预测，是建立在学习后信息记忆片段的强度上的，所以人们会评估自己记忆的强度，强度较大的记忆就更容易在未来被回忆。每当我们复习考试内容的时候，或者是准备一个演讲的时候，都会经过这样的评估过程——我们会评估自己对某个知识或信息学得怎么样，在未来就会基于此来决定自己是否需要复习一遍某知识或信息，还是自己已经准备好了。这是元记忆的一种，作用是评估我们的记忆技巧，以及预测某任务的未来回忆。

在这项研究中，康奈尔让参与者学习一遍或者四遍成对的单词，然后让参与者估计一下自己在5分钟后或一星期以后测试中的表现会怎么样。研究者在实验后，对比了参与者的实际测试成绩和估计的测试成绩，发现了稳定的偏差。比如说，估计一星期之后的测试成绩时，参与者平均猜测自己能答对9.3组单词，而他们一星期后实际记住的平均单词量只有1.4组。康奈尔说："人们似乎觉得自己的记忆在未来仍然会保持稳定状态。"这样的研究在不同的语境下重复过许多次，都表明虽然我们都知道自己会忘记事情，但是经常会低估自己所忘记事情的数量之多。更糟糕的是，这种效应会随着时间的增长而增强——在康奈尔的研究中，"研究结果显示了长期的过度自信：当测试的日期延后，相对适度的过度自信就会转变成极大的过度自信。"

在证明该现象的另一个研究中（2004年），以色列海法大学的阿瑟·考瑞阿特（Asher Koriat）和他的同事发现，参与者普遍估计自己一年后对信息的回忆，与学习之后的即时回忆应该基本上一样。我们已经不擅长估计自己在不久将来的回忆怎么样了，现在看来预测更远的将来的回忆能力更差。

我们倾向于忽略自己会遗忘，对此我们该怎么办呢？康奈尔对学生们有几个比较直接的建议："如果今天是星期五，你觉得自己已经准备好下周一的考试了，那也别给自己放假。你可能真的已经准备好了，但这并不意味着你星期一仍然是准备好的状态。事实上，你很有可能是过度自信了。"另外，想完成日常工作的成年人们，"别那么相信自己的记忆力。如果有人问你能否记住什么事情，要回答'记不住'，然后把它写下来并记住。"

面部识别危机

有的人擅长记住别人的相貌，有的人善于记住别人的名字，我哪个都不行。如果你和我见面了，我先提前对你说句"对不起"，我可能会在不同的场合一次又一次地向你介绍我自己。这可能会使你非常困惑，因为我们可能曾经很愉快地聊过天喝过酒。我可能会在跟你聊天的时候引用你曾经说过的话讲给你听，忘了你其实是这些话的源头。那么，为什么我在这方面的记忆如此"惨不忍睹"呢？

在辨认人脸方面，每个人的能力都是有差别的。这不仅限于记住相貌，也包括是否能够看到人脸的同时在大脑中标记其特征，从而使你在看过某人的照片，又见到本人之后说："这两张脸是同一个人的。"有结果显示，**我们识别人脸的能力是由大脑中的一个特定区域负责的，叫作"纺锤状面部区域"。该区域大概位于耳朵的上方，比较接近大脑的表层。**

2011年，伦敦大学学院的尼古拉斯·福尔（Nicholas Furl）与同事们发表了一个关于"人面失认症"（Prosopagnosics）人群的研究。"人面失认症"是指没有能力辨识并记住人的面部，有时也叫作"脸盲症"（Face Blindness）。福尔研究团队发现，人面失认症人群的纺锤状面部区域远远不及非脸盲症人群的活跃。

神经科学家奥利弗·萨克斯（Oliver Sacks）1985年出版了一部非常成功的著作，叫作《错把太太当帽子的人》（*The Man Who Mistook His Wife for a Hat*），就是用一个人面失认症案例命名的。书名来源于奥利弗从事过的一项个案研究，案例当事人辨识自己妻子的能力受到了严重的损伤。这个书名乍听起来有点可笑，但是人面失认症的特点之一，就是患有该症的人必须像处理加工其他种类的事物一样，一块一块慢慢地处理人的面部特征。我们天生就能把一张脸当作一个整体来处理，觉得"这张脸=艾米丽"；但是人面失认症人群缺失了这方面的能力，他们会想"小鼻子+大眼睛+小耳朵+熟悉的声音=艾米丽"。我们中大约有2.5%的人有这样的面部加工障碍。

2009年，哈佛大学的瑞查德·罗素（Richard Russell）和他的同事发现，还有一种人的情况是与"脸盲症"完全相反的，他们说这些"超级面部辨识者""善于辨识、感知面部的程度，相当于发育性人面失认症人群不善于辨识人面部的程度"。而且，这种能力好像既包含感知的特征，也包含记忆的特征。"超级面部辨识者"有时候说，自己几年之后仍然能记住并辨认出不同人的面部。

有一位"超级面部识别者"，姑且称之CS，曾经说："只要我看过你的脸，不论过了多少年我都回想得起来。"我们目前尚不知晓这种能力有多普遍，也不知道它的工作原理是什么。但是"超级面部辨识者"这个词已经像病毒一样散播开了，所以在接下来的几年中，针对这种能力的研究数量肯定会急剧增长。

这种技能可以应用的领域之一，显然是警察办案。格林威治大学的乔什·戴维斯（Josh Davis）就和伦敦市警察合作找到了一些超级面部辨识者，并聘请他们仔细查看了成千上万的照片，从监控录像中鉴定一些人的身份。他们可以在大批人群中，或是在复杂的录像中找到某张特定的脸，比如说嫌疑犯的脸；这个任务对普通人来说难得无法想象，而且做起来超级低效。

有一个测试，叫作"剑桥脸部记忆测试"（Cambridge Face Memory Test），是2004年由神经科学家布莱德·迪谢纳（Brad Duchaine）和肯·中山（Ken Nakayama）发布的；该测试可以鉴别一个人是不是超级面部辨识者。在该测试的学习阶段，参与者会看到一张脸从三个不同角度拍的照片，然后参与者要从并排的三张脸中选出之前看到的那张脸，然后类似的辨认测试会重复很多次，而且随着测试的升级、难度的增加，出现的三张脸会越来越相似。超级面部辨识者能够辨别出测试中的大多数人脸，而且他们为一些大型案件的侦破立下了汗马功劳。比如说，在搜寻2011年伦敦暴乱人群的过程中，超级面部辨识者提供了至关重要的协助，辨识出的暴乱制造者、参与者人数，比面部识别软件还要多得多。

这项技能非常宝贵，因为除了这项超级面部辨识者之外，其他人都很难准确地把人脸和照片对上号。正如新南威尔士大学的大卫·怀特（David White）与同事说的那样（2014）："带照片的身份证被广泛用于保障安全的措施中，但是有研究显示，检查证件照片的人觉得把不熟悉的人跟照片对上号是件很难的事情。我们在实验中请警员对比证件照和证件持有人本人，并将二者对应起来，最后我们观测到了很高的错误率，其中包括对欺骗性照片14%的接受率。"我们对自己的记忆偏见缺乏必要的辨别力和洞察力，同样地，大多数人也总认为自己有能力辨别眼前的人与照片中的人是不是同一个。然而实际情况是，面部辨识是我们对自己能力过度自信的另一个方面。对我们大多数人来说，感官和记忆之间的互动，有时候会使我们很难解决看似最简单的任务，比如鉴别别人的身份。

在理想的情况下，随着警察鉴别嫌疑犯身份的能力的增强，案件目击者也能更轻松地描述出嫌疑犯的样子，并辨认出嫌疑犯。此时，警察希望我们能对自己的判断非常肯定，而不是说"犯罪分子**可能**有疤，头发**很可能**是棕色的，**差不多**有5英尺7英寸①到6英尺10英寸高吧"。警察希望目击者对嫌疑犯的辨识能够确信且清晰的，但是这种期望可能也会导致判断变得过分自信，出现偏差。

我们对自己记忆质量的内在评估系统这个时候就可以起作用了。说这话好像特别简单，不过如果我们认为自己永远不会忘记某个人，那一般来说，我们在被要求回忆这个人的时候会非常自信。但是正如我们看到的那样，我们认为自己不会忘记某事物，并不意味着我们真的就不会忘记。那么先把自我评估搁在一边，来想一想我们到底有多擅长辨识陌生人？

这个问题看似很好回答，但实际上却需要考虑非常多的变量。我们有多善于辨识人的面部？我们能否看一眼就能准确识别身高和体型？我们能够多么准确地辨别出有伤疤的人、有身体残疾的人、不同族裔的人、只寥寥看了几眼的人、年老或年轻的人、在昏暗灯光下瞥见的人、只注意到一点点的人，以及戴着帽子的人？

2013年，福林德斯大学的马修·帕尔默（Matthew Palmer）与同事针对上述问题的复杂性进行了一项研究。研究者两两一组走上街头，其中一名研究者（一号研究员）负责寻找目标，说服人们同意参与实验；另一名研究者（二号研究员）则事先藏起来，然后出现在参与者的眼前。一号研究员就让参与者一直盯着二号研究员看，直到二号研究员逐渐走出他们的视线。随

---

① 1英寸=2.54厘米。

后，参与者需要从一排照片中辨认出二号研究员，并且给做决定的自信度打分；有一半的参与者被要求马上进行这一环节的测试，另一半则在一星期以后回来进行该环节的测试。

我们或许都猜到了，马上接受辨认测试的参与者表现更好——准确率能达到60%；而一星期之后进行测试的参与者，准确率只有54%。准确率这么低可能会让你很吃惊，确实，有一半人没能选对刚刚见过的那个人的照片。

更令人不安的是，对实验情景进行非常简单的调整之后，参与者的表现准确度就有了非常大的不同。研究人员发现，虽然准确度和自信程度一般都是一致的，但是在更困难的情况中，过度自信的程度却会更高。换句话说，如果参与者盯着二号研究员看的时间大大缩短、辨识测试的等待时间延长、在任务中被迫分散了注意力，参与者就会出现与任务难度很不相称的高度自信。这样看来，在形势不利胜算不大的情况下，我们反而会高估自己辨认出嫌疑犯的能力。

毋庸置疑，这是个相当复杂的问题——那么多杰出的人们从事着无比有趣的研究，来帮助我们与来自内部的和来自外部的记忆错觉进行着抗争。

不同种族的脸

还有一个因素也会影响我们辨识别人的能力，那就是种族差别。如果你是一个黑种人，目击了一个黄种人的犯罪过程，好吧，祝你好运，希望你能指认出正确的嫌疑犯。类似的情况在任何种族身上都会发生——白种人、黑种人、黄种人、棕种人，都一样。我们就是这么不善于分辨不同种族人的脸，这个现象叫作"本族偏向"（ORB，即Own-Race Bias）。这些跨种族效应（Cross-Race Effect）给司法系统带来了巨大的问题，因为不同种族的人会相互对其他种族实施犯罪。更糟糕的是，司法系统一直在与"普遍的司法种族歧视"做斗争。

说不定我们都是种族主义者，即使我们不承认，也说不定是有别的什么原因在作祟。本族偏向被研究得非常多，一个比较公认的假设是，这与我们记住人脸的方式有关。

格拉斯哥大学的卡洛琳·布莱斯（Caroline Blais）等人认为，是文化塑造了我们看待一张脸的方式。2008年，他们在研究中使用目光追踪定位技术来指示一个人正盯着什么看，以此推测这个人可能在加工所看到的信息。研究人员给参与者看了白种人和黄种人的面部照片，参与者本身也是由白种人和黄种人组成的。

他们发现，白种人参与者用三角形的方式观察人的面部，他们先看眼睛、嘴、鼻子，然后看其他部分。黄种人的检索策略不太一样，他们往往聚焦于面部中央，大多看鼻子，无论照片中的人是什么种族，他们都是这样看。研究者认为这可能是文化差异导致的："直接的或过多的眼神接触在东亚文化中被认为是粗鲁无礼的，于是这种社会常态可能决定了黄种人参与者在观察照片时避免盯着眼睛看的行为。"

除此之外，不同的检索策略会关注只在某文化中有典型变化的事物。比如说，参与者会花很多时间辨识白种人组照片的眼睛颜色，因为白种人的眼睛颜色的确有很多变化；但观察其他种族人的照片时，这种策略就没有那么有用了。不论根本原因是什么，这项研究显示参与者的面部检索策略都受到了所在文化的影响，这会使他们观察一个外国人的脸，或者在辨识外国人的时候容易出现偏差。

那么根据布莱斯等人的观点来看，不恰当地把注意力集中在脸上某个部位应该是出现"本族偏向"的主要原因之一。关注"错误"的特点，使得辨识并记清楚一个人长什么样子这件事对我们来说特别难，尤其是如果这个人是不同种族的人，那就更难了。分辨其他特征也是如此，比如，如果同一个种族人群的头发颜色或者体重差别不大，那么关注处理这些信息就没有什么用处。

所有这些都与记忆结合得自然而然，环环相扣。根据范德堡大学的大卫·罗斯（David Ross）等人发表的一篇文章，我们之所以能辨识不同的脸，是因为我们有面部学习策略。罗斯认为，我们有一套非常强大的面部记忆库，因此我们能够辨识新的脸。说得具体一点，他认为不同的脸在我们大脑中是由它们与我们之前见过的脸之间的相似点来代表的。我通过与已有的面部数据库相关联来记住新的脸：这张脸跟以前见过的一张脸真像！

记忆面部这种所谓的"基于范例"的模式，意味着我们已有的记忆库有多么重要——它能够最优化我们分析面部的方法，从而减少我们记住新面孔的时间和精力。但是，我们应用的这些策略会影响我们对新面部的记忆，而且当一张新脸有太多新特征的时候，这些策略就会弄巧成拙，因为我们的面部数据库一下子处理不了太多的新信息。不过也有好事，那就是当我们第一次识别其他种族的面部时，尽管我们表现会很差，但是我们会把这次的面部信息输入到数据库中去，进行一次小的更新。这与"交流假设"有关，这个概念大部分是由美国心理学家戈登·阿尔伯特（Gorden Allport）在1954年提出的，意思是大多数人会变得更加理解其他种族的人，更尊重不同种族的观点，与不同种族会有更多的交流。这个概念也适用于面部辨识。的确如此，依据2012年塔夫茨大学的史蒂文·杨（Steven Young）等人撰写的综述，有证据显示（虽然证据是混在一起的），人们接触的其他种族越多，就越善于辨识其他种族的面部特征。

除了本族偏向（或本族效应）以外，也有研究结果表明我们还有"同龄偏向"和"同性偏向"。吉森大学的斯吉·斯波尔（Siggi Sporer）认为，这是因为总体来说，"其他的"对记忆来说不是什么好消息。在2001年的一篇综述中，斯波尔提到我们不但不擅长辨识任何其他种族，而且对自己这方面的能力还过度自信。就像我们在这本书里提到过的其他任务一样，我们以为自己会非常善于认出别人，而别人则并不能同样善于认出我们。

尽管目击证人辨认是大多数法律案件的核心程序，但是有研究表明，一些根本的记忆特征会把辨认过程变成可能产生错误的导向。在这样的情况下，如果我们想确信辨认是正确的，就需要独立的佐证。荷兰人有一句很有名的话，用在这里正合适：只有一个目击者就等于没有目击者。

制造恶魔

不做演讲或者不做记忆研究的时候，我偶尔会做一些刑事庭审工作，这样的工作通常都会涉及目前我们讨论过的记忆与识别的相关问题。律师和警察一般都只在遇到非常糟糕的案件时，才会请虚假记忆专家来协助，所以我处理的案件往往会令人对人类的本性善恶产生担忧，比如谋杀、虐待、性侵案等。

但是到目前还没有哪个案件像我处理过的第一个案件那样，使我心有余悸。出于尊重，在此我会隐去案件中的一些信息。在一所宗教小学里，一些教师和神职人员对许多学生实施了虐待——包括性虐待和身体虐待。这是一桩40年前的老案子，已经调查过两次了，两次都因为缺少必要罪证而被迫中止，只在架子上留下了一排排需要耗费许多精力才能读完的卷宗。被指为罪犯或目击者的人，有的已经过世了；从这件案子开始到现在，警察已经换过几轮了，最早接手过这个案子的警察也都不再负责了。因此不论是谁来处理这个案子都得从头开始，当然，除了那些受害人代表。这么多年来，警察一拨拨更换，这些受害人必须向更多的人一遍又一遍地讲述那些不堪的经历。

我曾经受雇于一名负责调查这个案子的警察，他请我到警察局聊一聊可以用哪些方法来协助调查。我很开心他们能找到我，这段经历也给了我非常深刻的印象。当问到我的研究时，警察却这样说：

"我们需要别人帮我们抓到这些恶魔。"他说。

"你的意思是……这些嫌疑犯吧。"我纠正道。

在一个把抓坏蛋当作起床动力，每天和不计其数难相处的人打交道，处理无数棘手情况的世界中，用"恶魔"而不是"嫌疑犯"情有可原。他们当然想尽快将"恶魔"绳之以法，然而某些情况下，我们并不确定到底谁才是真正的"恶魔"，或者他们究竟是否存在。

我所接触到的就是这种情况。这起案件涉及的人中，有相当大一部分声称自己并没有经受任何不幸的事情，至少没有超出当时可接受的教师可采取的惩罚措施范围——那时候，一些基本的提法还是合法的，只有一小部分上了年纪的学生表示自己还记得少量不正常的的情况。但是更棘手的是，随着时间的推移，这些"少量"的不愉快回忆产生了极大的变化。

尽管如此，我还是全副武装，带上记事本和笔，决心搞清楚"谁在什么时候对谁说了什么"。这个案子的确棘手，记忆和卷宗记录第一眼看上去的确相互矛盾，但这并不意味着这个案子就应该被忽视——恰恰相反，这意味着人们应该意识到需要处理的是指控而不是事实。当一个案子中的可疑问题过多，而且独立佐证又不足的情况下，我们就应该怀疑这个案件的处理可能是错误地根据虚假指控或虚假记忆进行操作的。

这个案件还在调查过程中，可能还需要好几年才能确认所有证言是否可信。目前为止，该案中已经存在很多疑点，包括受害者的陈述随着时间推移发生了大幅度变化，还有那些同时在学校却声称案件中被指控的事情都是子虚乌有的人们。对案件的否认太多，而且必要的有力佐证太少，都使这个案子变得非常让人头疼。不管怎样，警察应该知道我们在这种情况下都有可能视野狭窄，而且要注意不能被"肯定有罪犯，必须抓住他"的想法套牢。

社会学家瑞查德·奥弗希（Richard Ofshe）和伊森·沃特斯（Ethan Watters）写了一本非常好的书《制造恶魔》（*Making Monsters*），其中强调，对于记忆的过度自信和想当然，可能会导致人们形成自己受害的虚假记忆，并对此深信不疑。如果某司法程序中充斥着这样的想当然，就会极大地影响一个案件的正常处理；一个过于自信的目击证人或受害人，可能会引发多米诺效应，最坏的结果有可能是把无辜的人关进监狱。

问题的关键就在于，司法系统需要开始考虑过度自信、记忆错觉、面部辨识的相关障碍等因素，因为这可能会使我们处理案件的根基变得像空气一样虚无缥缈，进而导致不堪设想的后果。当发生犯罪案件的时候，特别是非常恶劣的案件时，人们总倾向于给被指控的人直接定罪。当然，如果真正犯下恶性案件的人逃过了应有的制裁，也是很可怕的；但是由于操作不善、理解不充分而制裁了无辜的人，这同样可怕——就像"卡迪夫三人案"那种情况。①

或许你会想，警察承受着把罪犯绳之以法的压力，所以他们比我们更容易犯上述那些错误。事实并非如此，不论是犯罪案件还是日常事件，就分辨真实的记忆或者事件的真实版本这一方面，**我们都是不完美的警察，都容易陷入这类记忆错觉、自信错觉的陷阱中**。而且我们需要认识到，信心在这些

---

① 译者注：卡迪夫三人案，the Cardiff Three，20世纪80年代末，英国卡迪夫市的八名警官迟迟无法侦破一起谋杀案，就逮捕了三个无辜的年轻人，捏造他们杀人的证据。

情况中都不是关键所在，在我看来，高度自信往往是一种警告信号。警告！这些人可能根本鉴别不出自己的意识偏差。警告！这个人可能根本没有意识到记忆错觉和记忆缺陷。警告！这段记忆太美好了，其真实性令人难以置信。我一直用高度谨慎的态度来处理过度的信心，因为一旦信心变成了"过度自信"，结果就是毁灭性的。

第 7 章
"9·11" 事件发生的时候，你在哪儿

‹
‹
‹

为什么我们对于带有情绪事件的记忆是有缺陷的

2015年，布莱恩·威廉姆斯（Brian Williams），美国收视率最高的电视新闻节目主播，在一片质疑和指责声中被NBC（National Broadcasting Company，美国全国广播公司）晚间新闻停职。2003年的时候，威廉姆斯身赴伊拉克战争前线做新闻报道。播报过程中，他所在的直升机作战排遭到攻击。十年之后在一个电视采访中，他向大卫·莱特曼（David Letterman）描述了当时的情景：

我们四架直升机中的两架遭到了地面炮火攻击，我就在被攻击的一架直升机里。有RPG榴弹、AK47……我们被迫快速降落，落地冲击很大……我们身处其他美国人的北面，像四只鸟一样被困在荒漠中央。他们开始分发武器，然后我们听到了一些声音，是布莱德利战车和艾布兰坦克向我们开来的声音。他们碰巧发现了我们。这是侵略，是美国人实施的侵略。他们把我们围了三天，沙尘暴肆虐，导致战事暂停。他们把我们活着救了出来。

两年之后，也就是2015年，他在一次现场直播中再次回忆起了当时的情景：

我们乘坐的直升机在遭到榴弹炮攻击之后迫降了。我们NBC新闻小组获救了，被包围了，被美国第三陆军机械化作战排保护而得以生存。

这个故事有很多饱满的细节，威廉姆斯在很多场合都重复讲过，非常自信地把故事搬上电视，让每个人都看到和听到。的确，每个人都看到了，包括乘坐了那架迫降直升机的人们。"抱歉兄弟，我不记得你坐了我们的直升机。"当时机上的人员之一在NBC新闻的脸谱页面上这样留言，来回应布莱恩·威廉姆斯描述该事件的一个视频。另一个人也回复说："实际上，他当时是在我的飞机上，30~40分钟之后才到达你们所在的位置。"

原来如此，布莱恩·威廉姆斯讲的是他前面的那架飞机的事情——他根本不在遭遇炮火攻击的直升机上，只是这个事件的目击者太多了，他的谎言才轻松被识破。媒体继而掀起了一场风暴。每一个人都觉得威廉姆斯故意把自己在伊拉克的经历添油加醋，好让自己名声大噪。他不断道歉，但是他的信誉已然受到了粉碎性的打击。

然而鉴于我的工作性质，我不由自主地把"他故意撒谎"这一草率论断置于更大的情境中来思考。在我看来，当我们不知道某个人讲述不准确的真正原因就妄下论断，是非常不成熟的行为；而我们之所以会匆匆得出欠考虑的结论，大多是因为我们几乎无法分清别人究竟是无意为之还是故意如此，除非那个人主动表示自己在撒谎。这使我们看到了很多人都会有的核心记忆假设。从我的角度看，这个"弥天大谎"丑闻中真正发生的事情，是威廉姆斯被指责是一个骗子，至少在某些方面是，因为我们一般的假设是没有任何人会记错这么一件情绪强烈的事件。然而事实果真如此吗？

创伤性记忆

你可能像大多数人一样，觉得创伤性记忆非常特别，但是你对它的理解很可能是自相矛盾的。你可能一方面相信我们总会忘记或压抑极度情绪化的事件，而另一方面又相信这些痛苦的回忆会变成噩梦，或者时时重现，骚扰我们。如果你真的这样想，那么你可能会觉得我们关于创伤事件的记忆远不如普通的记忆，或者优于普通的记忆。你的想法到底是什么呢？

2001年，有一篇文章叫《创伤记忆很特别吗？》（*Is traumatic memory special?*），戴尔豪斯大学的斯蒂芬·波特（Stephen Porter）和英属哥伦比亚大学的安吉拉·波特（Angela Birt）在其中表示，针对"关于高度情绪化事件的记忆"有很多不同的观点。

其中的第一种观点是"创伤记忆观点"，认为我们记忆创伤性事件的方式与记忆其他事件的方式有所不同，创伤性事件在记忆中会呈现得更糟糕。这个观点背后的支持假设是，创伤性事件对我们产生的高度情绪化影响会压制我们其他的记忆加工能力。比如说，支持该观点的人们认为，战区的战士们可能会患上严重的炮弹休克症，致使他们无法形成相关联的战争记忆，更无法在以后进行回忆。我们其实可以把这个观点回溯到亚里士多德身上，他说："如果一个人身处于急剧变化的情况中——比如使人心慌意乱的一段经历，人生中某段焦虑不安的时期——记忆就无法发生在他身上。就像流水被封印阻断了一样，任何印象都不会留下来。"

这个观点假设，我们关于创伤性事件的记忆是以碎片化的图像、情绪、感觉储存起来的，没有连贯清晰的构架。一个战士可能记得战场上硝烟的气味、枪炮声、血腥的味道，但是记不得任何具体的事件。创伤性记忆观点的支持者认为，这就是为什么创伤后应激障碍患者有时候会经历强烈的记忆闪回——他们能记起创伤性记忆的小片段，回想不起整个事件的过程。

除此之外更重要的是，创伤性记忆观点的支持者们也经常声称，人们在经历高度情绪化的事件时可能会体验到一种"解离"。"解离"一词的用法很多，但大多数时候它被用来描述现实感丧失——即感觉世界好像不是真实的——和自我感丧失（人格解体）——即感觉自己非常不真实——等症状。当一个人感觉自己好像并不在所在之处，或者当某件事情之后一个人持续有"不真实"的感觉，这类"解离"感恐怕就会发生。

应用心理学教授朱迪斯·阿尔伯特（Judith Alpert）是创伤性记忆观点的支持者之一，1998年，她与同事成立了一个工作组来调查研究创伤性记忆的性质和种类，他们认为，"解离"是"对创伤影响的一种心理防御，这种心理机制可能是造成心理受过创伤的人们产生记忆缺失或者产生超强记忆的原因"。换句话说，我们的大脑处理不了创伤性太大的事件，就会让这段记忆触不可及。这段表述本身也有互相矛盾的地方，因为它既表明创伤后我们会产生记忆缺失——严重的遗忘，同时也会产生超强记忆——对某事件增强了的回忆。

根据我的经验来看，从执业医师到普通大众都相信上述问题会发生。但是，"解离是对创伤的应激反应"这个假设到底有没有道理？这个问题很重要，就像医学博士安吉利卡·斯坦尼罗（Angelica Staniloiu）和她的同事汉斯·马尔科维奇（Hans Markowitsch）在一篇关于解离科学的综述中说的（2014年）："解离性失忆症是最神秘的、争议最多的精神障碍之一。"

斯蒂芬·波特（Stephen Porter）和安吉拉·波特（Angela Birt）认为，这样的话根本不足以支持创伤性记忆观点。从2000年以来，大多数记忆研究者认为，解离可能会发生，但人们通常并不会在情绪化事件中发生解离，而且并没有证据能证明在创伤性情境中会发生记忆断裂。隐藏起情绪化的记忆使其无法碰触的现象可能并不存在，我们会在后面的章节讨论这个问题。

与创伤性记忆观点有关而又不同的，是关于精神性创伤的医学观点。该观点也认为存在创伤导致的记忆缩减，但这单单与大脑生物学原理有关。其前提包括，意外事故或暴力侵犯可能会对大脑造成物理损伤，从而导致记忆缺失。

精神创伤的医学观点也包括"记忆阻断"，假定由于大脑工作方式出了问题——而非物理损伤——导致的一种失忆。比勒菲尔德大学的汉斯·马尔科维奇等人认为，记忆阻断症状"与大脑新陈代谢的改变有关，这可能包括多种神经递质和内分泌系统的改变（比如GABA氨基丁酸、糖皮质激素、乙酰胆碱）"。

与模糊的创伤性记忆观点不同，研究者并不认为这些医学缺陷会造成碎片化的记忆，也不会在单独的激发事件中留下记忆痕迹，而是会造成几个星期甚至几年的记忆缺失。这些都有坚实的科学支持，在医学上也是不争的事实。不论是从结构上还是从功能上损坏大脑中负责记忆加工的部分，都会令记忆中断。但是，大脑记忆系统中的这类损坏和中断非常少见，不包括我们很多人晚年可能会患上病理性的记忆障碍，比如阿尔茨海默病。

尽管有很多论断说创伤对记忆有很大的负面影响，但是目前的主流研究实际上认为——除去受损伤的大脑——创伤对记忆有一种"优势效应"。2007年，斯蒂芬·波特（Stephen Porter）和戴尔豪斯大学的克里斯汀·皮斯（Kristine Peace）发表了一项针对这个问题的研究成果。他们找到了一批刚经历过创伤性事件的人们，并立即采访了他们，又分别在三个月之后、三年半之后采访了他们。研究者同时询问了参与者的创伤性记忆和有高度积极情绪的记忆，主要关注的是回忆的生动性和清晰度，这些记忆相对于其他记忆的总体质量，以及这些记忆中的感官成分，比如视觉、听觉和嗅觉。

波特和皮斯发现，对于创伤性事件的记忆前后一致度非常高，其中的所有记忆成分几乎从来没有改变过。另外，与高度积极的人生经历相比，负面消极的经历始终更加稳定。这些发现表明，创伤性记忆的确很特别——但不是很多人以为的那种特别——我们对创伤的记忆力比其他记忆力都更好。

来自奥斯陆大学的斯温·马格努森（Svien Magnussen）和安妮卡·梅林德（Annika Melinder）在2012年的文献回顾综述中支持了上述观点：**"现有的可靠研究证据显示，创伤事件的记忆远远没有普通的日程记忆容易被遗忘。"** 这既是好消息又是坏消息，因为这样看来，案件目击者和受害者的证词的准确度就增加了（虽然他们可能还会有前面讨论过的那些记忆问题）；但是这也意味着，我们恨不得马上忘掉的那些创伤性记忆，以免它们永远阴魂不散地缠着我们。有意思的是，这种顽固的创伤性记忆不但会因为亲身经历创伤性事件而产生，而且也会因为非直接的经历——听媒体不断重复报道某创伤性事件而产生创伤性记忆。

闪光灯式记忆

"'9·11'事件发生的时候，你在哪儿？"在2001年之后的十年里，这个问题经常被问起。相似的是，如果往回追溯几十年，在挑战者号航天飞机失事或者肯尼迪总统遇刺的时候，人们也会这样相互询问。

这类问题的潜在含义，是我们在某些特殊的重要时刻，能够马上并强烈地回忆起当时自己所在的环境，这叫作"闪光灯式记忆"。这类记忆富有细节，非常生动，其典型特点是包含对自己听到一段历史重大新闻时所在情境的回忆，同时包含对该重大事件的细节回忆。回忆者通常都会提起提供事件消息的人，以及自己听到这个消息的时候正在做什么、穿什么、想什么、感觉到了什么、说了什么。最近，我在一个大学进行演讲的时候提到了这个现象，在座的一个学生发言说，在2001年的"9·11"事件中，当她看到第一架飞机撞向双子塔的时候，她开了一个粗俗的玩笑，讽刺飞行员连直线都飞不了——从那以后，她一直为这个玩笑感到深深的羞愧。

1977年，哈佛大学的研究者罗杰·布朗（Roger Brown）和詹姆斯·库里克（James Kulic）调查研究了这类记忆。他们给80位参与者发放了调查问卷，询问是什么使他们记得那些重要历史事件的，包括刺杀事件、有高度新闻价值的事件、个人重要经历等。根据调查问卷结果，他们得出了结论：很多人对重要历史事件的记忆中都包含大量清晰的感官感觉。对于某些特定的事件，人们能够更自信地回忆出更准确的细节，而这些特定的事件都有以下三种主要特征。

第一，这个事件必须非常出乎意料，不能是丝毫不重要的或者可被预见到的事件。第二，这个事件的严重后果会波及到回忆者，或者会波及大众和社会——也就是所谓的"有高度重大后果"的事件。比如说，"9·11"事件不一定跟每个个人都有关，但是对于整个美国社会却有着非常重大的影响，这就使它成了"有高度重大后果"的事件。第三，这个事件必须能够激发高涨的情绪——被事件影响的人需要经历恐惧、悲伤、愤怒或者其他强烈的情绪。布朗和库里克认为，如果以上三个条件不能同时满足，闪光灯式记忆就不会产生。

他们进一步假设（没有任何合理的科学支持的假设），我们之所以会有这样的记忆，是因为一种独特的生物机制在我们的大脑中创建了该事件永久的、固定的记录。根据他们的说法，拥有闪光灯式记忆的人在回忆时表现出了高度自信，常常用非常决断的表述来叙述——"我当时绝对在家。""我记得特别清楚。"下面这些例子都来自虚假记忆档案，这是由艺术家和维尔康信托基金会员A. R. 霍普伍德所做的项目：

山姆："我记得清清楚楚，看到挑战者号航天飞机失事的时候，我正上高中。当时我正站在学校的科学媒体图书馆里，一台电视放在带滚轮的金属架上——那种能推到教室里面放给大家看的。我的几个朋友也在那儿，我记得我站在房间里的姿势、站的位置、看电视的角度，还记得房间里其他人惊诧不已的反应。"

苏："我记得我的室友回到了我们合租的房子里，告诉我她从收音机里听到，有一架飞机撞上了世贸中心。那个房子的样子我记得清清楚楚，还记得她之后回了房间，我打开了电视看新闻。"

这两段回忆都非常清晰，情节丰富，听起来都使人觉得他们句句属实。2004年，滑铁卢大学的马丁·德（Martin Day）和麦克·罗斯（Michael Ross）发表了一项研究成果，进一步探索了回忆者对闪光灯式记忆的信心。他们使用的研究方法是采访，没有使用调查问卷。迈克尔·杰克逊（Michael Jackson）去世后，他们马上进行了第一轮采访，他们让参与者回忆一下自己是怎么知道这个消息的，他们当时在哪儿，对自己记忆的信心有多大，以及他们认为自己的记忆能不能持久。18个月以后，研究者又让这些参与者回想自己在哪儿了解到杰克逊去世的消息，同时又问他们对自己的记忆有多少信心。

他们发现了什么呢？恐怕我得颠覆你的想法了。研究者发现这些记忆大多前后没有一致性，参与者在两次采访中的描述有很多不同之处，尽管他们对记忆准确度的信心依然很高。这意味着闪光灯记忆可能并不如布朗和库里克原先认为的那样持久、准确，而且人们在回忆这类事件的时候，对自己记忆的准确度显得过度自信——这充分证明了前面几章提到过的观点，信心并不等于准确。布朗和库里克早先的研究，在研究方法上有重大错误，比如样本太少，只依靠参与者的自我陈述，预设参与者的记忆都是准确的，以及对大脑的工作原理做无根据的推测。除此之外，他们的研究引领了其他研究者对闪光灯式记忆的大量深入研究，得出了一系列错误观点，认为有关重要历史事件的记忆能免受侵蚀。事实是，目击文化事件的记忆可能并不像我们猜的那样因受到保护而异常强大。为了更好地演示这一观点，让我们回想一下山姆和苏的叙述，我希望你也觉得他们的叙述情节丰富且可信度高。但我觉得他们要说的可能不止那些：

山姆："问题是什么？挑战者号航天飞机是在我高中毕业两年之后失事的，当时我已经不在那个高中和那个城市了——我已经搬到了我们国家的另一端。这段记忆给我的感觉太真实了，但我知道它不是真的。我根本不清楚自己知道这个消息的时候到底在哪儿，我甚至不确定自己是不是在电视里看到的消息——但是我非常肯定我'记得'的地方肯定不是我真正待过的地方。"

苏："其实，在'9·11'事件发生的三年前，我们就不住在那座房子里了。'9·11'事件发生的时候我们的确还一起合租，但租的是别的房子。我的记忆把戴安娜王妃去世跟'9·11'事件搞混了；而且是同一个室友，在不同的房子里。"

这种发现自己某段记忆不准确或不可能的过程叫作"回忆排斥"（Recollection Rejection），这是2003年康奈尔大学的记忆科学家查尔斯·布莱纳德（Charles Brainerd）与同事提出的概念。我们排斥自己记忆的惊人之处在于，这个过程并不意味着我们会失去这段记忆，而是意味着我们对记忆的自信发生了极大的削减——甚至全部消失。然而多半情况下，我们找不到与记忆相反的实际证据来排斥它，于是我们很可能会接受自己对"现实"的描述，即使这种描述的逻辑完全不通。

创伤性记忆也很有可能把我们经历的——或者以为自己亲身经历过

的——某事件的大量错误信息整合在一起，即便是高度情绪化的记忆也有可能是完全错误的、虚假的。我是怎么知道这些的呢？因为作为一名研究者，我工作的一部分就是不断去证明：就算是我们最最生动的记忆也有可能是毫无意义的。

记忆入侵

我是一个记忆黑客，我让人们相信从未发生过的事情发生了。

每当我告诉别人这是我工作的一部分时，他们通常都会问"为什么"，答案就是，通过在实验室环境中生成这样的虚假记忆，我们也许就能搞明白记忆错觉的运作原理。如果不充分了解记忆错觉产生的原因，我们就无法阻止这样的错误发生。

接下来我会解释一下我究竟做了什么。没有催眠，没有折磨，什么都没有——就是社会心理学而已。与警察一起工作的时候，我应用了几十年来的研究成果，监督他们进行了逆向的、谨慎的、没有引导性的审问。我有意提供了我认为生成记忆错觉所需的理想环境。现在，我将一步步引导你看看整个过程。

第一步：从参与者身上寻找"情感记忆研究"的资源，请他们提供一些知情者（非常了解他们的人，比如父母）的联系方式。

第二步：根据参与者提供的信息与知情者联系，请他们描述一下参与者可能会回忆起的某特定时期（他们11~14岁的时候）的情感体验。这个时候，我也知道了参与者在当时最好的朋友是谁，以及他们住在什么地方。

第三步：筛选参与者，只留下那些没有实际体验过我计划植入的情感事件，但至少体验过一个其他类型的情感事件的人，邀请他们参加我接下来的实验。

第四步：参与者来实验室进行实验。他们以为这只是一个研究情感记忆的实验，并不知道实验的前提包括给他们植入虚假记忆。我事先已经争得了参与者的同意，他们才来参与这个实验。另外，我采用的"骗术"——我不告诉参与者们某一个回忆可能是虚假的——也获得了我所在大学研究伦理委员会的准许。于是我开始以一种框架式的方式向参与者提问，询问我从知情者那里已经了解到的一件真实情感经历。这段经历可能是在学校被欺负，度假的时候晕倒，等等。其结果是，由于我非常理解他们所经历的情感记忆，于是得到了这些参与者的信任。

第五步：我引入虚假事件，告诉参与者曾经做过什么事情（其实并没有），包括告诉他们因犯罪而被警方审讯过——故意伤害罪、使用武器施袭罪、盗窃罪，或者告诉他们经历了别的情感事件——被动物攻击，遭受人身伤害，丢失一大笔钱，与父母关系僵化等。实验是在英属哥伦比亚大学进行的，我在实验中引用的事件，都发表在2015年与斯蒂芬·波特教授（Stephen Porter）共同完成的论文中。我们的"事件"剧本是这样的：

好的，×××（参与者名字），谢谢你告诉我第一个事件。你父母讲述的另一个事件，是你与警察的接触，我接下来就要问你这件事。在调查问卷上你父母说，你×岁的时候，你××××××（虚假事件）。这是在×××（地名）发生的，当时是秋天，你和你的×××（朋友或者亲戚）在一起。

除此之外不泄露虚假事件的其他信息。

第六步：第一次采访中被告知这件"莫须有"的事情时，参与者一开始都做出了正确的反应："我不记得有这回事啊"。所以我决定帮帮他们，让他们做一个视觉记忆练习。我让参与者闭上眼睛，想象这个事件前前后后是什么样子的。他们并不知道，我让他们"回想"的其实是他们的想象，而不是真正的记忆。第一次做完视觉记忆练习，他们的脑中不会产生太多关于事件的细节。这时候我让他们回家，同时告诉他们不可以跟任何人提起这次研究，他们应该试着在家继续做视觉记忆练习，一星期之后回来见我。

第七步：一星期之后，参与者回到我的实验室。我首先再次请他们带我一起回想真正的记忆，接着我就开始问他们那段虚假事件。这一次，很多参与者开始"记得"这件事，并且开始说出一些细节："落叶飞舞，天空湛蓝。我偷了一张CD。一个女孩嘲笑我，于是我打了她一拳。那个警察的头发是棕色的。"我鼓励他们，告诉他们走上正确轨道了——正向强化。我也带他们重复了视觉记忆练习，让他们想象出更多的细节（他们会误以为这些是真实记忆的细节）。我再次让他们回家，告诉他们试着再多回忆出一些细节，一星期之后再回来，最后一次重复实验过程——先回忆真实记忆，接着利用视觉记忆练习"回忆"虚假记忆。

第八步：三次采访之后，我收获了"成熟"的虚假记忆。此时此刻我的实验参与者们能够讲出莫须有事件中的大量细节，而且讲述的时候充满自信。这简直就是记忆魔法。

你可能觉得我的这些方法在你身上不会奏效，但是研究数据证明你想错了。在这项研究中，我们发现超过70%的参与者——不论是在犯罪情境中还是在其他情境中——都发展出了完整的虚假记忆。我对"完整虚假记忆"的定义有好几个标准，其中包括参与者至少能够说出与事件有关的十个细节，以及在事后说明中参与者明确表示自己相信这件事真的发生了。很多参与者的叙述都有丰富的细节，这里有一段摘录，姑且称这位参与者为A：

我记得警察来我家的时候我感到无比震惊。太糟糕了，真是太糟糕了！

什么事儿这么糟糕？下面是她之前的一段叙述：

她叫我"荡妇"，可我还是个处女啊，这太让我愤怒了……我知道她跟我关系不熟，然后我就……就……尾随着她辱骂她……我真的气坏了。我找到了一块石头，那块石头真的不大，真的，也就大小刚合适吧，然后我就拿石头扔到她脑袋上了……最后我回家了，S也走了。然后我记得我就待在家里，我觉我们应该是在吃晚饭，然后……嗯……门铃响了，我妈妈起身去开门，接着我记得我妈妈大声叫我，让我去门口。于是我去了，门口正站着两个警察。

你可能还是不相信，你可能还是觉得只有意志不坚定的人才会上我的当。如果我们故意使用卑鄙的误导技巧来采访具有高度顺从性的人们——非常年轻的人、患重病的人、低能的人等——我们一定可以达到这类效果。但是在我的这项研究中，我专门选出的参与者并不是上述那些人，他们都是普通的大学生。

那么，对于这项研究的结果最强有力的解释就是，**即使是这样的人群，也极易受到社会压力的影响，也极易受误导性的记忆回溯技巧影响，从而想象出一些事物，并把这些想象误当作真实的经历**。这与其他大量研究团队得到的研究结果一致，他们也成功给参与者植入了其他虚假的情感记忆，比如在一个婚礼上把潘趣酒洒在了新娘父母的身上（西华盛顿大学的伊拉·海曼（Ira Hyman）等人所做的研究，结论发表于1995年），或者是遭遇过凶猛动物的攻击（1999年，英属哥伦比亚大学的斯蒂芬·波特（Stephen

Porter）等人所做的研究）。

我接下来做了两个后续研究，给新来的参与者看了关于"虚假犯罪记忆"研究的视频，但是这些新参与者并不知道他们看到的视频中有一部分包含虚假记忆。每一位新参与者在视频中都会看到同一人先回忆了一段真实的记忆，紧接着是虚假记忆。在两项后续研究中，参与者都无法正确区分出真实记忆和虚假记忆。研究中有证据显示，回忆者都认为这些记忆是真实的，所以在其他人看来这些记忆也非常真实——这些记忆可能会变成回忆者个人经验的一部分，不管回忆中的事情是否真的发生过。

非常环境中的记忆

好吧，也许我还是没能说服你。也许你认为在实验室环境下形成的虚假记忆，不能证明我们在现实世界中也会经历类似的事情。事实上，你不是唯一这样想的人——这也是为什么我们也在野外环境中研究虚假记忆。研究者们不需要自己创造出情境条件，他们可以从现实生活中找到已经引起虚假记忆的事件——这些情况都属于高度消极、情绪强烈，会引起很大的压力，所以我们在实验室环境中永远不会模拟这些情境。

海军训练就属于这类具有高压和紧迫感的情况。我们来想象一下这个场景。你26岁，是美国海军部队的一员，生存训练中有一项是模拟你被敌人俘虏的情况。你刚刚结束了为期四天的野外逃亡训练，浑身酸痛，又累又饿。现在，你发现自己被关押在战俘集中营里，这令你十分惶恐，焦虑不安。尽管你知道这只是一个模拟的情境，但是你即将承受的焦虑和压力，与那些真正在战争中被俘军人的经历并无二致。

接受审讯的时候，你被锁进一个房间里，只和一个你从未见过的人面对面对峙着。为了让你开口，他对你实施了各种严刑逼供——扇脸，猛击你的腹部，把你的头狠狠地往墙上撞——你在肉体上和精神上经受了长达半个小时的残酷折磨。严刑拷打中，你被要求目光始终紧紧盯着对方的眼睛——他的脸上没有任何遮挡，你一直都可以看清他的脸。接着，他把你隔离起来。在此次战俘训练中，你经历了整整72小时的高度焦虑和压力，依照大多数人的标准，这已经可以算是创伤性经历了。

如果你想成功得到释放，你必须能够辨认出审讯人的样子，这是海军方面想了解的关键情报。你受过这方面的专门训练，所以你非常专注地记下了他的面部特征，而且你也有充足的时间这样做。那么，如果我把两张照片摆在你的面前，你能不能从中辨认出审讯你的那个人？

2013年，耶鲁大学的创伤后应激障碍研究者查尔斯·摩根（Charles Morgan）等人发布了一项研究，考察身处这种情况下的人是不是也容易受到实验室环境中观察到的那些误导信息效应的影响。

他们是怎么做的呢？简单来说，就是在"战俘"被隔离关押期间让他们看一张大头照，只看几分钟。大头照上的人并不是审讯"战俘"的人，但送照片的人却伪装出"这就是审讯你的那个人"的样子。真正的审讯人的头发是棕色的中长卷发，有点胖，但是大头照中的人没有头发，脸型窄瘦——这两个人看起来完全不一样。尽管如此，参与者在接下来被要求辨认出审讯人的时候，绝大多数——84%到91%的参与者都选择了错误的照片。研究者故意引进了错误信息，而错误信息替换掉了参与者对真正审讯人面部的记忆。

也是在这项研究中，摩根和同事们共同演示了能够改变参与者是否报告一些无关紧要的细节——比如房间里的杯子、电话等，甚至包括一些更苛刻的信息，比如审讯人有没穿制服、穿什么样的制服、带没带武器，等等。等参与者回到营房之后，仅仅依靠不同的方式来询问他们的经历，就能使他们记忆中的这些特征的存储状态发生显著的变化。如果询问的是引导性问题，例如"审讯你的人穿的制服是绿底带红色块的，还是蓝底带黄色块的"，或者是"审讯你的人允许你打电话吗？请你描述一下审讯室里那部电话的样子"，85%到98%的参与者分别表示自己看到了制服，以及审讯室里有一部电话。这是真的，即使实验环境中没有出现错误信息，有些参与者也会在"回忆"时加入不准确的细节，但这种情况相对来说比较少见。**从一般情况来看，单靠展示照片或者问几个特定的问题就能在我们的记忆中植入虚假的细节，甚至还能植入令人难以置信的情感事件。**

记忆是如何被遮蔽的

能戏剧化地篡改我们情感记忆的因素，不仅仅来自外界；内在因素也能轻而易举地歪曲我们的记忆。内在影响记忆的途径之一，就是同别人分享我们的记忆，这是发生人生重要事件之后我们经常做的事情——打电话给家人，告诉他们一些激动人心的新鲜事，向我们的领导汇报工作中遇到的问题，或者是（甚至是）向警察做陈述。在这些情况下，我们实际上是把原本的视觉（或者其他感官）信息转换成语言信息——把感觉输入变成语言输出。但是这个过程是有瑕疵的，每当把图像、声音、气味等信息转化成语言文字的时候，我们极有可能会改变一部分信息，或者丢失一部分信息。我们通过语言交流能传输的细节数量是有限的，所以我们得找捷径——简化。这个过程叫作"语词遮蔽"或"语词遮蔽效应"（Verbal Overshadowing Effect），该术语是由心理科学家乔纳森·斯古乐（Jonathan Schooler）首创的。

斯古乐是匹兹堡大学的一位研究者，1990年他与同事唐雅·昂格斯特勒·斯古乐（Tonya Engstler Schooler）发表了第一批关于语词遮蔽的研究。他们主要的研究包括让参与者看一段30秒的银行抢劫案视频。然后做20分钟互不相干的任务：一半的参与者用5分钟的时间在纸上写下对银行抢劫犯长相特征的描述，另一半参与者则写出各个国家的名字和该国的首都。在这之后，所有参与者会看到8张照片，按照研究者的说法就是，这些照片都"在语词上相似"，意思就是照片上的脸都符合某一种文字描述——比如"金发，绿色的眼睛，中等高度的鼻子，小耳朵，薄嘴唇"。这与单纯按照视觉相似来找出照片完全不一样，后者可以关注很多无法用语言表述的事物，比如脸上不同部位之间的精确距离等。

我们可能会认为，用言语重复描述一个人外貌的次数越多，我们就能把这个人的外貌记得更清楚——然而事实正好相反。研究者发现，那些把对审讯人面部特征的描述写在纸上的参与者，比起另一部分没有写下来的参与者在辨识审讯人照片的测试中表现糟糕得多。另外，在一个指认罪犯的实验中，把描述写在纸上的参与者中只有27%选出了正确的罪犯，但是没有写任何东西的参与者中有67%指认对了。差别如此之大。重复练习只能用文字写出来的面部特征，使参与者对微小细节的视觉记忆弱化了，很难再回忆起来。

这种效应非常强大，这也是通过心理学界可能是迄今为止最大型的重复研究证明了的。该研究项目非常庞大，有100名学者和33个实验室参与，其中包括乔纳森·斯古乐和丹尼尔·西蒙斯，其研究成果被发布于2014年。所有研究人员都遵从同一个方案进行实验，他们发现虽然这些实验是由不同的研究者在不同的国家找不同的参与者做的，语词遮蔽效应在每一个实验中都出现了。把照片转述成文字只会让我们对照片的记忆变得模糊不清。

斯古乐和其他人所做的进一步研究表明，语词遮蔽效应也会在其他情况和感官中得到证实。似乎无论是哪种难以用语言表达的事物，只要将其转换成文字加以描述，就会使其表现力大大削减。你可以试试用语言描述一种颜色、一种味道或是一段音乐，你对这个事物的记忆一定会变差。试试用语言描述一张地图、一个决定或一个情感判断，你一定会很难记清楚原来情境中的所有细节。别人用语言向我们描述一个事物时，情况也是一样的。如果我们听别人用语言描述一个人的长相、一种颜色、一张地图，我们对这段描述的记忆也会有所削减。当我们的朋友向我们转述某件事情时，他们可能是想帮助我们，但是结果却可能适得其反，遮蔽掉了我们对这件事原本的记忆。

斯古乐认为，除了会损失细微差别以外，用语言描述"语言难以描述"的事物会使我们形成相互抵触的记忆——对某事物既有"语言描述"版记忆，又有"亲身体验"版记忆；而"语言描述"版记忆是大脑的优先选项，于是我们可能会把它当作对某事物最靠谱的记忆。简而言之，**用语言重复描述某事物非但不能加强记忆，反而会削弱记忆。**

但是这并不意味着用语言描述这个方法在任何情况下都不可取。斯古乐的研究结果也表明，如果我们的初始记忆就是语言形式的——比如单词表、演讲稿、事实陈述等——那么重复用语言描述这个方法不会削弱我们的记忆，而是会强化它。

保留过往记忆的另一个方法是拍照片。我们告诉自己"我记得住这些事"，这些照片能帮助我们回忆起自己的人生。不过，既然用语言描述会产生遮蔽效应，那么照片是不是也会遮蔽我们的记忆？当然会。照片的确能够保留并补充语言描述遮蔽掉的细微差别信息，但是仍然会使我们形成相互抵触的记忆。2011年，费尔菲尔德大学的琳达·汉克尔（Linda Henkel）做了一项研究，考察照片对记忆可能产生的影响。她让参与者完成了一系列掰断铅笔、挤坏纸杯、打开信封这样的任务。一星期之后参与者回来，只被要求把照片和相应的任务描述一一对应。照片中有一部分拍的是某位参与者完成过的任务，另一部分则不是。两个星期之后参与者再回来，这次他们得从列出的80个任务中，找出他们在第一次实验中所完成的任务。

看"已完成任务"的照片很有可能使参与者认为他们真的完成了这些任务，根本不需要研究者进行暗示影响。看照片后，参与者误以为自己完成了某些其实未完成的任务，这种可能性是不看照片的4倍。

这种效应也会扩大到复杂的自传式记忆。自2008年以来，南方卫理公会大学的艾伦·布朗（Alan Brown）和杜克大学的伊丽莎白·马斯（Elizabeth Marsh）所做的研究就向我们展示了，只要给参与者看某些地点的照片就能使他们（在一星期或两星期之后的报告中）更容易误以为自己到过那些地方，而且普通日常的地点比独特或知名的地点更容易使参与者产生误解。因为他们考察的记忆是关于有没有到过大学校园里的某个地点，所以研究中的"日常地点"都是校园里随处可见的，比如教室、图书馆、林荫道等。"独特或知名地点"的照片包含雕像、艺术品、与众不同的装饰性建筑。在询问过程中，87%的参与者表示自己去过至少一处"日常地点"，62%的参与者表示去过至少一处"独特或知名地点"。其实，"日常地点"的所有照片拍的都是另一所大学的校园，这些参与者都没有去过，也不可能在参观本校园的时候见到。对此，一种可能的解释是，去过日常地点这件事更容易想象也更容易接受，因为我们记得自己之前到过类似的地方，就会把记忆中的地点搞混。

当研究者操纵图像或者引入错误信息来暗示人们做了一些（他们根本没做过的）事情，结果毫无疑问会变得更加糟糕。2002年，惠灵顿维多利亚大学的金波里·韦德（Kimberly Wade）和玛丽安·盖瑞（Maryanne Gary），以及他们的同事、来自维多利亚大学的唐·瑞德（Don Read）、斯蒂芬·林赛（Stephen Lindsay）进行了一项研究，研究结果表明有一半的参与者能够回忆起一次乘坐热气球经历的细节，但是他们实际上并没有这段经历，而是受了研究者的引导——看了把他们PS进去的热气球照片——就记住了这个虚假事件。

斯蒂芬·林赛等人2004年发布的另一项研究表明，给参与者看的误导性照片不一定必须是编辑过的。研究团队让一半参与者想象自己童年经历过的三件事情，同时另一半参与者需要一边想象，一边看着他们小时候同学的照片。然后，参与者要根据研究者的提问来回忆这三件事情。其中的两件事情是真实发生过的（这些信息是研究者提前从参与者父母那里收集到的），但是第三件事情完全是研究团队凭空虚构的。

结果就是，直接想象三件事情的参与者中有45%的人形成了虚假记忆，而一边想象一边看真实照片的参与者中有高达78.2%的人形成了虚假记忆。也就是说，看照片进行回忆的参与者更容易形成虚假记忆，这些照片的作用就相当于给了参与者一个叙述虚假记忆的实际依托，让他们觉得这段"记忆"更加真实。

由此看来，照片能非常有效地误导我们的记忆，特别是当照片与误导信息被故意组合起来的时候。造成这种结果的主要原因之一，与语词遮蔽效应的成因非常类似；我们看到照片时，就会创造出关于某事件的新记忆，让我们要么觉得自己的确经历过，要么觉得没经历过某件事。于是当我们想起这件事情，就可能分不清楚关于照片的记忆和自己的实际经历之间的区别，甚至我们的实际视觉记忆也很有可能被另一种记忆给替换掉。不管是情感记忆、语言记忆，还是视觉记忆，我们的记忆都很容易被操控、改变。

严重事件应激晤谈

那么，如果一个人经历了高强度的情绪化事件，比如刚刚经历了一场火车相撞事故，或者目击了一起枪杀案件，我们可以为受害者做些什么呢？我们可能不知道怎么处理这种情况，想提供各方面的帮助，却又担心自己的行为会使受害者回想起痛苦的经历，雪上加霜。

"严重事件应激晤谈"（CISD，即Critical Incident Stress Debriefing）是帮助人们走出阴影的好办法。这个危机干预手段最早是由马里兰大学的急救保健服务研究员杰夫瑞·米切尔（Jeffrey Mitchell）于1983年提出的，也经常被叫作"心理急救"；它是一个结构化流程，必须由经过训练的危机干预专家来操作完成。"严重事件应激晤谈"的技巧非常简单，其依据就是经历了极端事件的人普遍有与别人分享的心理需要。在所谓的"反冲阶段"，人们会试着寻找有着类似经历的人们来进行自我心理修复。

某件极端事件发生之后，人们会以小组的形式被集合在一起进行"严重事件应激晤谈"，每一个参与的人都被鼓励谈一谈自己经历的事情。这样做的目的是为了让人们从不带感情色彩地分享事实、尽可能详细地描述事件开始，继而深入、细致地挖掘当时自己的心理活动过程。同时，谈话主持者会鼓励参与者着重聊一聊自己对事件的反应和心理症状，比如主持者会问："你个人觉得这件事情中最糟糕的部分是什么？"最后，主持者会根据参与者所经历的事件严重程度，告诉参与者恢复到正常应该是什么样的状态。这项干预听上去非常完整全面，而且干预的初衷是非常好的。但是我必须得说，我从根本上反对整个干预过程中的每一个环节和每一个部分。显然这个干预过程不是记忆科学家设计的。无论如何，这种形式的集体回忆是人们的记忆相互影响且相互融合的典型情况。由于语词遮蔽效应的存在，我们对自己记忆的语言描述，加上别人对自己记忆的描述，都会永久成为我们记忆中的一部分。我们听到的每一段新的叙述，都有可能"污染"或"二次污染"我们的记忆。

有这种担心的不止我一个人。在2003年的一篇科研综述中，墨尔本大学的格兰特·德弗力（Grant Devilly）和皮特·科顿（Peter Cotton）说，严重事件应激晤谈法的作用是"有毒的"，甚至会形成间接的心理创伤。也就是说，如果一个人把自己经历的创伤性事件告诉另一个人，那么他们两个人都会经历一种"类心理创伤"的症状。想象一下，A和B都参加了一项干预活动，A经历的事件中有血淋淋的细节，而B则从没见过类似的场景。在小组讨论中，A讲述了这些残忍的细节，以及看到这些恐怖场景给他带来的可怕影响。小组讨论之后，当B开始回想自己的经历，既会想起自己经历的事件，也会同时想起A讲述的那些恐怖场景。这种情况下，B最好提前离场，以免自己大脑中被输入这些可怕的记忆片段。

这种干预手段也会给一种原本就脆弱的情况带来灾难。并不是所有人都以同一种方式应对所谓的"潜在创伤性经历"（PTEs，即Potentially Traumatic Experiences）的。"潜在创伤性经历"一般指的是极端负面的事件，比如在人为伤害中或自然灾难中死里逃生。但是没有什么事件本身是具有创伤性的——只有当某个事件给当事人造成了严重的负面心理影响，我们才称这个事件是创伤性事件。

在每个国家，经受过潜在创伤性经历的人在数量上是不一样的。根据南卡罗来纳医科大学的研究者迪恩·基尔帕特里克（Dean Kilpatrick）团队的研究结果，美国大约有90%的人在一生中都会有这样的经历，而这些人中仅有8.3%的症状足以被临床诊断为创伤后应激障碍（PTSD，即Post-traumatic Stress Disorder）。确实，纵观全世界各国的相关研究，结果都非常一致：在经历了潜在创伤性事件的10个人中，只有1个会遭受长期的严重临床症状折磨。

于是，在经历了非常糟糕的事件之后，有些人会遭受巨大的精神伤害并患上创伤后应激障碍，而另外一些人可能完全不会有太大的情绪反应，甚至可能会因为自己从负面事件中逃离出来而感觉自己有某种异禀的天赋，或者感觉自己变得更强大了。但是，如果预期所有经历过某负面事件的人都可能有——或者应该有——严重的不良反应，那么严重事件应激晤谈手段就极有可能把部分人的不良反应平均分配给每一个人，使这些人的反应变得比他们原本的正常反应更悲观。

如果有一个人参加了应激晤谈活动，而他并不觉得在座各位经历的情况有那么极端或那么糟糕，可是面对涕泪俱下痛苦不堪的讲述人，他会把他的想法说出来吗？恰恰相反，他很可能会重新评估自己对待类似事件的态度，并认为"对，这应该是一件非常重大的事情"。于是他可能会重新整理最初的记忆，从更坏的视角来回忆这段经历，最终对自己应对该经历的预测更消极。当我们询问一个人某种情况有多么糟糕，或者某种情况对他有什么重大影响的时候，我们就在对这个人进行预估："你肯定摆脱不掉这件事带给你的阴影。"我们是想帮助他，可实际上是在害他。

而且，如果某件事情涉及犯罪且警察需要调查，那么这种"分享"活动也会对证词产生极为不利的影响。这是因为小组讨论的形式可能会造成多种"共同目击者"效应（下一章我们会对此做进一步讨论），即关于事件的记忆相互合并，一个人的讲述可能会受到其他人讲述细节的影响，给虚假记忆的形成制造了有利条件。

解决以上所有问题的方法其实非常简单。如果你身边有人经历了潜在创伤性事件，你只需要让他们明白，不论他们什么时候需要你的支持和帮助，你都会及时出现就可以了。如果他们自己觉得需要谈谈，那就让他们去诉说，千万别强迫他们开口讲他们不想说的事情。他们可能永远都不想再直接面对这段经历，因为他们觉得这样做会使自己受到"二次伤害"，这很正常。不想提起创伤性事件并不代表这个人没有在努力克服阴影（也不能保证他们的确在努力），他们只是不想提起而已。毕竟每个人应对每一件事情的方式都是不同的。

不管你有没有乘坐被炮火袭击的直升机，不管你是不是重刑犯，不管你在小组讨论中听没听到或讲没讲过创伤性经历，没有哪一段记忆（管他记忆力的情感水平有多高）能免受侵蚀之害。**大脑并没有给情感记忆（或情绪记忆）提供什么特别的保护，它们跟其他所有类型的记忆所受的待遇都是一样的。**理解了这些，我们就会对别人的记忆偏差更理解和包容一些，就会对自己调查犯罪案件的方式有更清晰理智的认识，也会使我们对极端事件的幸存者抱有更多的同理心。

第 8 章
社交媒体

为什么说媒体塑造了我们的记忆

一棵树在荒山野岭中倒了下来，周围一个人也没有，那么这棵树倒下的时候有声音吗？你开了一个派对，但是没有一个人在脸谱上发布任何关于这次派对的信息，那么这个派对到底开了还是没开？你对某事有一些自己的看法，但是没有发布在推特上，那么你的看法到底重要不重要？诸如类似深刻的哲学问题深深困扰着现在的年轻人和媒体——尤其是社交媒体，在当今人们的生活中有着前所未有的影响。

我们对时事的看法始终被网络深深影响着，网上也并不只有猫咪图片和成人电影——还有脸谱、推特、Youtube（世界上最大的视频网站）、Instagram（图片分享平台）、Reddit（美国社交新闻站点）、Upworthy（信息和图片资讯网）、Buzzfeed（美国聚合类新闻网），等等。每天都与铺天盖地的信息打交道，势必会影响我们感知世界、分享自己经历的方式。

社交媒体增强了我们寻找独立证据来证实记忆的能力，但也不排除修改、歪曲我们记忆的可能性。我们会回想刚刚发生的事情，会把最应该做的事情记录下来，会过滤掉不良信息，让我们的生活看起来既令人满意又非常有趣。但是在这些活动带给我们的喜悦和联结感中，我们偶尔也会禁不住停下来思索，这样到底对我们的生活有没有好处？媒体对我们的记忆潜移默化的影响是什么？

弊大于利的多任务处理

我要告诉你一个秘密：你根本无法同时处理多项任务。

这对一些人来说，并不会让他们有多惊讶（也许他们本来就觉得自己无法同时处理多项任务），但是我们中的确有很多人认为自己非常擅长同时做很多事情。哦，那你可能说的是你能做到一边走路一边聊天，一边思考一边喝东西吧。

我所说的"多任务处理"一般指的是更复杂的事情，即在同一时间完成需要专注、记忆、思考的有意义的任务。然而随着智能手机的涌现，"多任务处理"的意义似乎有了全新的解释。我们觉得自己可以一边喝咖啡聊天一边不断查看手机，可以在听讲座的全程不停地发短信，却仍然记得讲座都讲了些什么，也可以把照片发布到网上的同时享受那一刻的快乐。

人们之所以认为自己可以灵活自如地同时处理多项任务，是由于对记忆和注意力的工作原理缺乏基本的了解。正如麻省理工学院的神经科学家厄尔·米勒（Earl Miller）所说的那样："人们其实无法很好地完成多项任务，如果有人说他可以，那就是在骗自己——大脑非常擅长自我欺骗。"

米勒说，有一个词可以更准确地形容人们口中的"多任务处理"情况，那就是"任务转换"："当人们认为自己正在处理多项任务时，实际上他们在迅速地从一个任务转换到另一个任务，而且每次转换都会有认知上的消耗。"所以，我们以为自己更快速地完成了多项任务，其实是给大脑极大程度地加重了负担。

2004年，德州女子大学的德里克·克鲁斯（Derek Crews）和莫莉·鲁斯（Molly Russ）在所写的关于"任务转换对工作效率的影响"科研综述中表示，**任务转换对我们的工作生产率、批判性思维、专注的能力都没有益**

处，而且会使我们更容易犯错误。**任务转换的不良影响并不仅限于削弱我们完成手头工作的能力——它也会对我们记忆并回忆事物的能力有很大的负面影响**。除此以外，任务转换还会让人压力倍增，从而减弱人们平衡地处理工作和生活关系的能力，造成消极的社会影响。

2012年，洛克海文大学的学术发展研究员雷诺·詹科（Reynol Junco）和阿拉巴马大学的社会学家莎莉亚·科顿（Shelia Cotton）进一步研究了任务转换对我们学习能力和记忆能力的影响，发表在其文章中。他们询问了1834名学生使用科学技术的情况，不出所料，他们中的绝大多数人每天会花大量时间在信息技术产品和通信上。更具体地说，他们发现"在做作业的时候，有51%的学生会（偶尔或频繁地）发短信，33%的学生会刷脸谱，21%的学生会发邮件。"学习时如果试图进行多任务作业，那么学习时间也会迅速增加。他们调查样本中的学生报告说，课后学习的时候，他们平均每天会花60分钟刷脸谱，花43分钟上网，花22分钟收发电子邮件，也就是说，他们每天都会多花两个小时处理多任务。

对学生来说更糟糕的消息是，研究还发现这类多任务处理——尤其是使用脸谱和即时消息软件——对学生的学业成绩的影响是极其负面的——学生学习时在这些活动上花的时间越长，他们的学习成绩越差。詹科和科顿最终认为，这种结果很可能是因为学生的大脑超负荷了，妨碍了他们进行深入的、长时间的学习。

这种情况下，大脑为什么会超负荷？正如第1章中我们说过的那样，因为我们的工作记忆容量是非常有限的，一次性只能储存4~5个单位的信息。2015年，麻省理工学院的神经科学家厄尔·米勒（Earl Miller）和普林斯顿大学的提姆·布什曼（Tim Buschman）共同写了一篇关于"为什么我们的认知维度有这些限制"的文章。每一个神经元细胞都会释放可检测到的电噪音，脑电波实际上就是神经元细胞同时"释放噪音"的结果，其频率可以低于1赫兹，也能高于60赫兹。越是放松的大脑，释放的脑电波频率越低；我们给任务投入的精力越多，脑电波频率就越高。我们可以在一些神经成像研究中看到这些脑电波，比如脑电图（EEG）和脑磁图（MEG）成像。在米勒和布什曼的研究中，他们认为这些脑电波（或者像他们的叫法"大脑震荡节奏"）是大脑神经元与思维核心体验之间交流的关键。他们表示，我们的大脑会"通过神经元之间的间歇性同步来调控神经元交通流"，意思就是说，我们之所以会产生"想法"，是因为一组神经元集合以相同的波长被同时激活了。

就像是一个合唱团，合唱团中的每一个成员都代表着一个神经元细胞；合唱团所演唱的歌曲就是我们大脑中的"想法"。如果每个人不参照别人，只顾唱自己的，那他们唱出来的就只是一些不和谐的音符；他们只有相互配合才能唱出优美的乐曲。另外，每个人也可以为不同的歌曲献唱，但是他们必须唱不一样的音调才能有不同的歌曲。最后，合唱团成员也不需要不停地唱，他们可以只负责唱某些歌的某些部分，其他的部分不需要发声。

米勒和布什曼认为："因为神经元集合是由某一时刻同时波动的神经元细胞决定的，所以神经元集合可以在不改变基本神经网络的生理结构的前提下，灵活地组合、分开、重组。这就赋予了神经元集合一个关键特征：结构的灵活性。"大脑能够在我们不知不觉中从一种复杂的思维切换到另一种复杂思维，因为神经元可以通过释放某种频率的电信号来共同工作，不论是如何联结起来的，都能够确保同步性。就像作者说的那样，神经元细胞总是"一起低声吟唱"。

但这种通过神经元之间迅速而短暂的交流形成"想法"的能力，也正是使多任务处理不可能完成的原因。我们的大脑可以瞬间将神经元网络联结起来（或重连），但是这种思维灵活性只允许我们同一时间只做一件事情。我们毕竟不能让同一批神经元在同一时刻形成多个不同的集合，因为这要求它们同时放出不同的脑电波。"合唱团"所有成员必须节奏一致才行。

例如，试试看找一下你房间中有哪些蓝色直立的东西。你肯定会先找直立的东西，然后每找到一个你就会切换任务，问自己"这是不是蓝色的"——切换发生的时候，你可能会感受到一个非常短暂的思维停顿。在2012年发布的一项实验中，提姆、厄尔和他们的同事就给猴子做了这项任务测试，训练猴子们在"注意线条的颜色"和"注意线条的方向"两项任务之间相互切换。猴子们的头上被固定上了电极，用以监控它们的大脑活动。

当猴子们集中注意力，试图分辨一条直线是红色还是蓝色、水平的还是竖直的，它们大脑中一种特殊的脑电波——"β电波"——有显著的增加，放电率在19~40赫兹。猴子在完成不同的任务时，其大脑的神经元活动会有不同的模式。有些神经元同时参与了两项任务活动，但是神经元"合唱"的整体模式，或神经元网络在每项任务中都是明显不同的。

有时候，猴子的脑电波频率比较低，只有6~16赫兹，这种频率的脑电波叫作"α电波"，而且似乎只在猴子要切换任务——从辨别线条是否水平切换到辨别线条的颜色——的时候出现。可以说α电波是"任务切换"电波，帮助我们停止思考不相干的事物。

这项实验为研究者们的假想提供了坚实的证据，证明这两项冲突的任务无法同一时刻完成，必须相互切换。照此说来，我们不可能同一时间对一个以上的想法形成记忆。

当我们需要使用大脑的同一区域来完成两项不同的任务时，比如视觉辨别颜色和水平度的任务，我们会发现这比完成两项不直接冲突的任务（比如一边走路一边聊天）难多了。在绝对同一时刻寻找竖直的蓝色物体，要求完全一样的视觉神经元细胞在同一时刻完成两个不同的任务——假如你大脑中的神经元都换成了小人儿，这样做就等于让克里斯这个人在同一分钟内完成两件不同的工作，克里斯肯定会大叫："不行不行！我得先做完一件才能做下一件！"

但是我们可以让大脑的两个不同区域同时工作，就好比你给克里斯分配了一项工作，然后把另一项工作交给亚当去做。他们在工作过程中得时不时地进行交流，这可能会使工作效率有点降低，但按时完成两项工作是没有问题的。有意识的过程和无意识的过程同时发生的时候，基本上都会发生上述情况；"有意识的"克里斯非常善于思考和做决策，而"机械化的"亚当擅长开车、走路，以及我们不用想就能做的其他事情。

不过，这种做法也并不可取。一些针对"任务转换危险性"的研究显示，分散注意力可能会带来很多问题，即使不同任务之间看似没有什么联系。2006年，犹他大学的大卫·斯特雷耶（David Strayer）和他的研究团队发布了一项比较醉驾司机与驾驶中打电话司机的研究。我们可能会觉得，司机大部分有意识的注意力都集中在打电话聊天上了，因为开车应该属于无意识的机械化行为。然而研究者发现："不论司机是手拿电话接听还是使用免提，都会使司机的刹车反应变慢；司机一边开车一边打电话更容易发生交通事故。"他们还说，开车时打电话跟醉驾一样危险，二者都会大大增加交通事故风险。

这两项任务——开车与谈话——并不像我们想象的那样毫无关联，这是因为"有意识的"克里斯是"机械化的"亚当的顶头上司。如果亚当碰到任何自己不能解决的情况，比如必须做一个决策，他就得去请示克里斯。亚当就会不断地干扰克里斯手头的工作：在这儿转弯吗？"对，我8月30号会到那里。"信号灯变红之前我来得及穿过去吗？"我觉得你今晚应该穿绿色的裙子。"真麻烦！无意识的机械化过程也并不总是像我们以为的那样完全"机械化"。

开车时打电话造成交通事故，究竟是由于人们无法处理多项任务，还是单纯地由于人们无法用拿着电话的手来驾驶呢？科学家们对这个问题已经争论了很多年。很多国家现有的法律都允许司机开车时使用免提电话，禁止使用手持电话，这要么是忽略了上述信息，要么就是根本没看懂。

如果我还没能完全摧毁你觉得自己是完美的多任务专家这个信念的话，我要再给你看一个研究，这可能会改变你对手机的迷恋。2015年，伊利诺伊州立大学的通信研究专家艾梅·米勒-奥特（Aimee Miller-Ott）和哈特福德大学的琳恩·凯利（Lynne Kelly），就"从事其他活动时持续使用手机会阻碍我们对幸福的感受"这一问题进行了研究。他们认为，我们每个人都对特定的社交互动方式有所期待，如果期待未得到满足，我们就会感受到负面的心理反应。

在一项定性研究中，他们询问了51位参与者：与朋友出去玩或与爱人约会的时候，他们会期待些什么。研究者发现，只要有手机出现在参与者视线中，就会降低他们对此次会面的满足感；如果对方一直不停地用手机，那就更糟糕了。参与者不喜欢对方使用手机的原因之一，是使用手机违背了"亲密时刻应该全神贯注、一心一意"这一期待。如果是与朋友闲逛或消遣，这种期待就会有所降低，因而有手机出现在视线中也不会那么令人不悦，但仍然会削减面对面互动的满足感。这个发现与他们的一篇研究综述中的观点是相呼应的：一对恋人相处时，如果一方使用手机，另一方就会感到伤心、心烦意乱。

2016年的一篇文章也印证了上述观点，作者是贝勒大学商学院的市场营销学教授詹姆斯·罗伯茨（James Roberts）和梅雷迪斯·大卫（Meredith

David）。罗伯茨发明了一个新术语"电话冷落"（phub）——由两个词"电话"（phone）和"冷落"（snub）合成而来——用来描述一个人选择关注自己的电话而不是关注他人的行为。下次再有人玩手机不理你，你就可以义愤填膺地说："别再'电话冷落'我了！"（Stop phubbing me！）罗伯茨认为，这类不礼貌的"手机痴迷"行为已被证实会造成人们压力、焦虑、抑郁水平的升高。

所以，如果你希望生活中的社交互动更加高效、安全、有意义，你绝对应该多在"离线世界"里与他人进行交流，而不是在电话上跟人聊天。

记忆是会传染的

我们热爱网络世界，因为它让我们觉得自己一直与外界联结，让我们可以接触到无所不包的信息资源。网络也为我们提供了一个互动平台，我们可以随时随地与别人分享我们的记忆、印象与经历。通过分享，我们的记忆变成了社会景观的一部分，我们制造了一股社会意识流，同时我们自己的意识流也被别的社会意识流塑造着。

我第一次真正意识到有多少记忆会受到社会媒体的影响，是2011年我住在加拿大的一个小城市基隆拿的时候。8月14号星期天下午刚过3点，我和几个朋友开车出行，刚拐上当地的一条主干道，我们就察觉到有什么大事要发生了。一般情况下，8月的基隆拿到处都是游客，然而那一天的路上出奇地安静，空寂得可怕——没有游客，连当地人都没有，一个人都没有。

我们正疑惑不解地四处张望，这时一个女人跑到了我们后面，她看起来吓坏了。突然好像全城的警车都同时出现了，一辆辆飞速从我们旁边驶过。整条街立刻被封锁起来，我们被堵在两个警察路障之间动弹不得。我的一个朋友急于想搞清楚状况，就拿出手机开始调查起来。先查谷歌——什么都没有。然后查当地新闻——还是什么都没有。最后他试了试推特，一下子看到了事件的"现场直播"：

> "有人开枪。"
>
> "刚刚有两个人在三角洲大酒店外面持枪向一辆SUV射击。"
>
> "所有人都趴在地上。外面有个人被击中倒下了。"
>
> "枪手用的是自动武器，持枪人乘坐的是一辆银色小货车。"
>
> "医生正在把一个满身是血的人从弹痕累累的车里抬出来。"
>
> "我听到了枪声，听起来就像一栋建筑突然倒塌了。"
>
> "这儿变成战区了。"

最后我们才知道，原来是"贝肯兄弟"（The Bacon Brothers）之一被枪杀了。"贝肯兄弟"是加拿大一个黑帮组织的三名头目，涉嫌温哥华地区的一系列殃及无辜的谋杀案，同时从事毒品的制造与非法交易。那一天，兄弟之一乔纳森·贝肯（Jonathan Bacon）和他的家人在光天化日之下被一敌对帮派枪杀，而群众记录下了这一切。

一旦有可能发生重要事件的迹象，我们就会立即抽出手机录影、拍照、总结事情经过并发布到网上。人类历史上从未有过哪个阶段，像我们今天这样对重大事件有如此可靠、独立而丰富的记录。这种证实自己对情况猜测的能力真是了不起，但是这种能力也有可能导致"记忆从众"（Memory Conformity），也叫作"回忆的社会传染性"（Social Contagion of Memory）。当我们的思维方式和记忆成为我们所看到过、听到过的混合版本，就会分不清楚一个人亲眼看见的事实究竟是哪些了。

在基隆拿，几乎所有居民记忆中的"贝肯兄弟"枪杀案都是一样的。如果你找一个当地人问一问当时的情况，他们说出来的话相像得不可思议。你可以回想一下你自己目击过的或是被卷入过的事件，你的记忆可能也会有他们这种情况。西伊利诺伊大学的教育研究者布莱恩·克拉克（Brian Clark）在他2013年发表的文章《从年鉴到脸谱》（*From Yearbooks to Facebook*）中说，这种效应的产生可能是因为我们的记忆受到了网络和社交媒体的影响而经历了一种转变——"公众记忆和个人记忆之间的分界线……已经模糊甚至消弭了。"研究者已经在多种情境下调查了记忆从众现象，特别是事件目击者的叙述。在2003年的一篇论文中，阿伯丁大学的菲奥娜·盖伯特（Fiona Gabbert）、阿米娜·弥蒙（Amina Memon）和凯文·艾伦（Kevin Allan）考察了事件目击者是如何相互影响的。在研究实验中，他们让参与者分成两组，分别观看一段90秒的视频，视频中有一个女孩走进空无一人的大学图书馆去归还一本书。参与者们不知道的是，这段视频有两个不同的版本，是从两个不同的角度拍摄的。也就是说，参与者最终得到的事件信息是两个版本其中之一。

研究者说两个版本的视频区别是这样的："从角度A拍摄的视频中，可以看到女孩手中拿的书的书名，也能看到女孩离开房间的时候把一张便签扔进了废纸篓。从角度B拍摄的视频中，能看到女孩看了看手表上的时间，也能看到她趁机从一个钱包里抽出了10英镑纸币塞进了自己的口袋里。"

一半参与者被要求两两一组，合作填写一张关于视频的问卷；另一半参与者则被要求独立填写问卷。45分钟的间隔之后，每位参与者都被单独询问视频中发生了什么事情。研究者发现，两两一组的"共同目击者"中，有71%表示自己通过与同伴讨论获知了更多视频中的细节。进一步来说，观看了从角度A拍摄的视频的参与者中（他们不可能看到女孩偷钱），有60%的参与者表示视频中的女孩犯了罪。"共同目击者"在自己的叙述中平均包含了21个从其他目击者那里"偷来"的细节；这些参与者使用了大量并非亲眼所见的细节填充了自己的记忆。另外，相信你也已经猜到了，独立完成问卷的参与者在叙述中只会说出自己在视频中实际看到的细节。

这类研究探索了所谓的"事件后信息"（Post-event Information）——我们经历或目击一个事件之后接触到的能影响我们记忆的信息。这类信息的来源非常多：跟别人当面或在网上谈论该事件，读到关于该事件或相似事件的（新闻）文章，查看我们拍的或者别人拍的事件照片等，不计其数。任何外来信息都有可能篡改甚至颠倒我们对该事件的记忆。

南方卫理公会大学的心理科学家艾伦·布朗（Alan Brown）等人认为，虚假记忆的另一个来源是"记忆借取"（Memory Borrowing），即一个人把另一个人的自传式记忆挪用为自己的记忆。布朗和他的团队在2015年发表了一篇调查这个现象的论文，发现参与这项调查的447名学生中，有47%的学生对这个问题给出了肯定的回答："你是否曾经把听说的别人的经历当作是自己的亲身经历并讲给其他人听？"也就是说，学生故意（至少暂时地）把别人的自传式记忆说成是自己的亲身经历。虽然他们可能是有意为之，但是这种"借取"可能会导致以后的记忆归因问题，因为也有27%的参与者表示他们的某段记忆可能是自己经历的，也可能是从别人那里听到的，他们自己也分不清了。

布朗的研究也显示，有时候"记忆窃贼"是会被抓住的。有53%的参与者说，他们听到过别人像讲述亲身经历一样讲述参与者自己的经历；有57%的参与者表示，自己与别人争论过某件事情到底是发生在他们身上还是发生在别人身上。我发现这种"记忆剽窃"行为在家庭经历记忆中尤为常见，我自己有时候也得找其他家庭成员确认一下，某件事情究竟是不是发生在我身上的。

由此显而易见，记忆是会传染的。如果我讲一段自己的记忆，你很有可能就会捕捉到它，然后把它变成你的记忆。**我们在讲述某件事情的时候，会把源自他处的信息也融合进去，所以我们的讲述很有可能既有准确细节，又有不准确细节。**在2001年的一篇论文中，华盛顿大学的亨利·罗迪格（Henry Roediger）和他的同事们为该现象创造了一个非常好的术语："记忆的社会传染"（The Social Contagion of Memory）。他们的研究表明，一个人的记忆有可能被另一个人的记忆偏误所影响；这可以说是一种虚假记忆的扩散效应。但是为什么我们这么容易受到这种效应的影响呢？研究者认为这是由两个因素决定的：第一是基本的记忆扭曲；如果一个人告诉你某件事情的另一个版本，你的大脑就会生成新的记忆，继而干扰原来的记忆。这和我们前面几章讨论过的错误信息和想象膨胀（Misinformation and Imagination Inflation）的研究是一致的。第二是来源混淆；我们忘了记忆中信息的来源，使我们误以为自己经历了听来的事情。

布朗和"记忆窃贼"实验的其他研究者都认为，社会影响从以下几个方面发挥了作用："这种行为背后的动机是把别人的经历永久合并入自己的自传式记忆（挪用）的欲望；其他原因还包括暂时性地进行一个清晰连贯或引人入胜的情景对话（社会联系）、单纯讲述别人的有趣经历（便利）、让自己看起来不错（地位提高）。"这些原因看起来都很积极，在世界范围内也很普遍，但是也有科学家强烈表示还有另一种社会影响因素：从众行为。

群体性记忆

第一个揭示了我们对别人所给的信息有"从众"行为的经典研究，是由斯沃斯莫尔学院的心理科学家所罗门·阿希（Solomon Asch）于1956年完成的。他发现，如果我们要求一个小组中的两个人判断一下纸上画的两条线长度是否一样，他们的回答会根据小组中其他成员的意见而发生变化。为了研究这个现象，所罗门在参与者中安插了一些"共犯"，让他们故意与其他参与者一起说一些明显错误的答案。被提问的参与者则以为小组中的其他成员都是普通的参与者而已，并不知道自己才是真正被研究的对象。事实证明，如果在场的其他人给出了不同意见，那么人们通常就会让自己的回答与别人的保持一致，尽管答案明显是错的。我们可能会从众地接受"有些人就是天生顺从的人，不可避免地会被他人的意见所左右"这个观点，然而更令人咋舌的是，在这项实验中，有75%的参与者至少一次给出了错误而与别人相同的答案——这说明我们中的绝大多数都有可能被身边的人影响。所有人都有可能成为受环境挟制的"受害者"。

实验之后研究者问参与者为什么听从别人的答案，大部分参与者都说，他们知道那个答案是错的，但是不想让自己显得不合群。还有一些人则表示自己真的相信组里其他参与者的答案是对的，自己的答案可能有问题。1955年，纽约大学的社会科学家莫顿·多依奇（Morton Deutsch）和哈罗德·杰拉德（Harold Gerard）按照规范性和信息性两种类型给这类社会影响进行了归纳整理。

"规范性影响"指的是某群体对群体中成员所施加的影响——这种情况一般是我们不想特立独行，不论我们是否相信这个群体的意见和做法是否正确，我们都会与群体保持一致。"信息性影响"也是在群体中发生的，但并不一定必须有群体参与。我们可能觉得别人的确比我们了解得更多，所以我们认为别人很可能是正确的，并采纳了他们的意见——在这种情况中，某群体或者某采访者的确知道正确的信息。

这样就解释了为什么一个人会听信别人对某件事的表述了，他们要么是不想因为自己不同意别人的看法而引起别人不满（规范性影响），要么他们就是真的相信别人的记忆力比自己的好（信息性影响）。当然了，这些社会影响并不总是负面的。如果有一大群人正在逃跑，有可能是他们知道发生火灾了而你不知道——规范性影响能救你的命。如果某一群体中大家对某件事情的记忆是一致的，这也能使群体内的谈话轻松和谐。但是，如果一个群体故意散播错误的事件后信息，导致错误的细节植入到我们的记忆中且无法消除，那么这些社会影响就是大问题了。

这还不是全部。多依奇和杰拉德创造了一个术语"群体性"（Groupiness），用以描述某特定群体内部的凝聚力有多大——群体内成员的从众倾向有多少。在社会学中，这个术语是一个集合，实际上指的是一个群体行动时作为一个单一实体的程度。我们倾向于把世界分为"内群体"和"外群体"，来划分自己和他人所属的群体。比如说，如果你是一个大学生，你的母校就可以说是你的内群体，来自竞争对手学校的学生就可以包括在你的外群体里。

丹·艾瑞里（Dan Ariely），是杜克大学的心理学和行为经济学教授，畅销书《怪诞行为学》（Predictably Irrational）的作者，他认为我们都是群体中的成员，而这使得我们"非理性的怪诞行为"是可以预见的。艾瑞里和他的同事们已经进行了无数实验，证明当我们的内群体成员们做了什么事情，我们就会跟着去做。这既是好事也是坏事——例如，一旦我们的内群体成员有至少一个人作弊，我们就很有可能跟着作弊。艾瑞里的研究也证实，我们不太会跟自认为不是一个群体内的人——外群体成员——的行为保持一致。这大概是对对手行为的故意反向描绘——"我们跟他们可不一样"；也是我们与内群体同胞们团结一致的含蓄表达——"我们拥有共同的价值观"。

考虑到以上所有影响因素，很多研究者认为警察在办案过程中应该把目击者分开，以防他们之间相互影响。而且警察也应该明白，不同证词之间的一致性并不能代表证词都是准确的，只能说明其中有从众效应的影响。

更进一步来讲，社交媒体的出现已经使潜在的社会影响和错误信息来源的数量急剧增加——朋友的朋友在脸谱上更新动态，一个陌生人的推特帖文，某社会化新闻网站上的讨论主题等。就好像我们不再完全拥有自己生活的所有权，而是——像弗吉尼亚大学的记忆研究专家丹尼尔·瓦格纳（Daniel Wegner）说的那样——生活在一个激烈的"交互记忆"时代。**所谓交互记忆，像我们网上的互动一样，是一种共同形成、共同更新、（最重要的是）共同储存的群体性记忆。**

数码失忆症

哥伦比亚大学的心理学研究专家贝茨·斯巴洛（Betsy Sparrow）和她的同事们，在《谷歌对记忆的影响》（*Google Effects on Memory*）一文中说："网络已经变成了'交互记忆'或'外部记忆'的一种主要形式，信息在网上被共同储存在我们大脑之外。"

斯巴洛和她的研究团队一共做了四组实验，来研究"随手一敲键盘就能得到信息"给我们带来的影响。第一组实验中，她先让参与者回答了一系列棘手而琐碎的问题，然后让他们做一个词语分类任务，测试他们把电脑相关词语与其他词语归类整理的速度。她发现那些不知道如何回答棘手问题的参与者，在词语分类任务中能够更快速地把电脑相关词语归类。她认为这可以表明，当参与者不知道问题的答案是什么的时候，他们就会想到一些与搜索引擎密切相关的词语，比如谷歌、雅虎。也就是说，我们的大脑自动把使用搜索引擎作为解决信息类问题的方法——一遇到我们不熟悉的事物，我们就会下意识地想："我应该上网搜一搜。"

在第二组实验中，斯巴洛把实验一中的问题改成了陈述句，比如像"鸵鸟的眼睛比它们的大脑大"这种句子。参与者需要把这些句子一字一句地打进电脑里，以确保注意力的集中。斯巴洛告诉一半参与者，他们输入的这些信息会被保存下来，同时告诉另一半参与者这些信息不会被保存。接下来的记忆测试中，参与者被要求把他们能记住的信息尽可能多地写下来。结果被告知"信息会被保存下来"的参与者的表现不如另一半参与者（他们以为输入电脑的信息不会被保存）的好。斯巴洛和同事们一致认为，该实验结果符合我们很多人已接受的一个观点，那就是，如果我们知道某些信息未来可以随时被查找到，我们就不会花太多精力去记忆这些信息，于是我们对这些信息的实际记忆力就被削弱了。

在第三组实验中，斯巴洛重复了第二组实验中的手段，只不过这一次她分别告诉参与者，这些信息会被保存在一个特定的地方，或是（笼统地说）信息会被保存，或是信息会被删除。在接下来的测试中，她没有让参与者把信息写下来，而是让参与者完成了一项"再确认任务"。她又把30个棘手问题展示给参与者，但是有一半问题做了细微的改动，另一半则和原来的完全一样，参与者需要判断这些问题（句子）跟他们最初看到的是否完全一样。实验结果又是那些被告知输入电脑的信息会被删除的参与者在测试中的表现最好。看来，如果我们以为某些信息未来都能以数字形式随时被查找到，我们就真的就记不住这些信息了——这种现象有时也被叫作"数码失忆症"。在当今时代，几乎任何信息都能随时被查找到，那么可想而知，我们对这些信息的记忆有多牢固呢？

最后在第四组实验中，斯巴洛发现了一个非常奇特的现象。这一次，研究者告诉参与者他们输入电脑的信息会被保存在六个文件夹中的某一个里面，比如参与者可能会被告知，"2003年2月美国哥伦比亚号航天飞机返回地球途中在德州上空爆炸解体"这一事件信息被保存在了文件夹"事实、数据、信息、名称、新闻报道、观点"里面。在接下来的记忆测试中，研究者发现参与者更容易记得这些信息被保存的地方，却很难记住信息的内容是什么。除此之外，参与者尤其无法同时记住信息的内容和它们被保存的文件夹是哪个——他们记住了信息的内容，却记不住保存在哪儿；记住了保存信息的文件夹，却记不住信息的具体内容是什么。

由此看来，我们的大脑在认知方面极为吝啬，只会挑一些容易记的信息进行记忆——要么记内容，要么记保存位置，反正只记一个信息。正如斯巴洛所说："我们和电脑越来越密不可分，成了互联系统中的一部分；我们清楚地知道在哪里可以找到信息，却越来越记不住信息的内容是什么。"就拿电话号码来说，根据网络安全公司卡巴斯基实验室（Kapersky Lab）的研究结果，有50%的人记不住爱人的电话号码，而记不住自己孩子电话号码的人有71%——但是我敢肯定，他们都知道在手机上的什么位置能找到这些电话号码。

把信息存储功能"外包"出去，无异于使我们自己更容易受到前文提到过的"错误事件后信息"效应的影响，但是这样做也可以腾出更多空间给我们的认知资源，以及那些很难在其他地方查询到的信息。只要我们记得"名字"等信息的要义，我们就可以随时查找到这类事实性信息。理解了信息时代给我们处理信息的方式所带来的影响之后，我们就能更高效彻底地改进教育方式。

"不论是大学教授、医生，还是商业领袖，他们或许在未来的教学中都会愈发注重引导学生深入理解概念、掌握科学的思考方法，而不是一味地让学生记住知识。"斯巴洛推测道。不再要求学生花费精力记忆那些上网就能找到的具体信息，我们就有更充裕的时间指导学生批判性思维，这样，当必须使用谷歌查资料的时候，他们至少知道应该如何筛选高质量的信息并加以分析应用了。除了这一小节讨论的问题之外，我们对媒体不断增加的依赖性也会改变我们记忆的质量。

你真的有那么好看吗

你知道吗？陌生人比你自己更了解你的长相。另外，你并不如自己想象中的那么有魅力。这种现象的成因有两方面：一是基本的记忆过程，二是我们使用科技产品的方式。我知道你多么希望我不告诉你这些真相。

我们先来说说其中的记忆过程。你对自己长相的感知是记忆的一种，除非你现在正看着镜子里的自己——这另当别论。这记忆不仅仅来自你最近一次照镜子，也来自你以前每次照镜子、每次看自己照片的记忆。所以当你想象自己的长相时，你脑海中的脸其实是一张复合而成的图像。问题在于，你记忆中拼贴式的长相在现实中是不可能存在的，因为你今天的模样不可能跟过去每一天都一样——衰老这一原因就足够让你每天都不一样，更不用说每天的皮肤损害和风格变化了。这也就是为什么我们看到某些照片的时候会说："这张照片没把我拍好！"所谓"没把我拍好"，其实就是照片中的我们跟自己所想的样子不一样，也就是跟我们记忆中的自己有出入。

2008年，芝加哥大学的心理学研究者尼古拉斯·艾普利（Nicholas Epley）和弗吉尼亚大学的亚伦·惠特彻奇（Erin Whitchurch）联合发表了一篇论文《墙上的魔镜》（*Mirror, mirror on the wall*），收录了一系列关于"我们是否善于辨认自己"的研究成果。他们给参与者每人拍一张照片，然后根据"极具吸引力"和"毫无吸引力"两个标准给原照片进行数码加工，制造出"更好看"和"更不好看"两种版本的照片。照片被修改的程度不同，按顺序依次排列在参与者面前。

2~4个星期以后，研究者给参与者每人展示一组他们不同版本的照片——其中包括原始照片——同时要求参与者从中挑出没有经过编辑修改的原始照片。大部分参与者选出的都是吸引力比原始照片高出10%~40%的经过加工的照片；在任何情况下，选出没有被加工过的原始照片的参与者总是少于25%。显然不管是男人还是女人，都觉得自己比实际长相好看得多，于是都选择了优化版的自己。

那么，辨认别人的情况又是怎样的？当参与者们被要求从一组编辑过的照片中选出朋友的原始照片时，研究者发现参与者表现出了类似的偏见——我们似乎也觉得我们的朋友比实际上要好看。但是到选陌生人的照片的时候，情况就不一样了——根据这项研究的结果，我们非常善于准确地辨认出认识没多久的人的原始照片。平均来说，参与者选出的"自己"比原始照片超出13%的吸引力，选的朋友照片比原始照片好看超出10%的吸引力，而选出的陌生人照片则比实际相貌仅超出2.3%的吸引力。

我们可以把这种偏见归咎于第6章讨论的那种看法：我们普遍觉得自己高于一般水平。或者也可以说，我们非常熟悉自己，也非常了解朋友，所以我们能看到投射在外表的内在美。还有一种解释就是，久而久之，你对自己的感知以及对亲近的人的感知都被扭曲了。

这其实跟自动记忆过程没太大关系，倒是跟我们的虚荣心关系非常大。我们都会把自己和亲近的人的最好看的照片拿给别人看，尤其是在网上发布的照片，或者往正式文件上贴照片的时候更是会精挑细选。这恰恰就是问题**所在——需要用到照片的时候我们只选最美的照片，这就使得我们落入了自**

我美化的圈套，在日常生活中很难辨认出自己真实的长相。

2015年的一篇文章中，新南威尔士大学的心理科学家大卫·怀特（David White）在澳大利亚护照局的协助下，考察了我们自己与陌生人相比，谁更了解我们的真实长相。在这项研究中，第一组参与者被要求从脸谱上下载十张自己的照片，并根据哪张照片看起来更像自己的程度打分排序；随后，研究者用网络摄像头给每个参与者录了一段一分钟的脸部视频，又拍了两张静态的面部照片。

这些照片和视频被用在第二组参与者的"面部配对"任务中，两组参与者相互之间并不认识。第二组参与者被要求比较第一组参与者的脸谱照片与脸部视频的相似度，并按照从"非常相似"到"完全不像"给照片打分排序。结果陌生人选出的最接近第一组参与者真实长相的照片，跟参与者自己选出的并非同一张。那么问题就来了：到底谁更了解我们的真实长相呢？陌生人还是我们自己？

这个问题就是第三组参与者需要解决的。第三组参与者被要求把第一组参与者自己挑出的最真实的照片，与第二组参与者选出的最真实的照片一一配对。另外，如果最真实的照片是由陌生人选出来的，那么第三组参与者把脸谱照片与两张静态照片对应起来的正确率就更高——高出7%。也就是说，第二组参与者比第一组参与者自己更能准确辨认出他们的真实长相——陌生人比我们自己更了解我们的长相。怀特的研究团队表示："事实好像与我们的直觉相反，陌生人只需要花不到一分钟时间来看一个人的照片，就能更准确地辨别这张照片是否足够真实。尽管我们日复一日地看到自己的脸，但是想要真正了解自己的长相是需要付出努力的。我们大脑中已有的记忆表征，会干扰我们正确选出'如实反映现在外貌'的照片的能力。"

这样的研究告诉我们，我们倾向于相信自己跟脸谱等社交平台上的照片中的自己是一样的——我们把网上照片呈现出来的样貌主观化了。

合作记忆

我们错综复杂的记忆虽然有时候会有一些偏见，却也并非一无是处。认知心理学的大部分研究都表明，人们一起回忆某件事这种行为一般都会造成记忆混乱，准确性受阻。但是来自澳大利亚的西莉亚·哈里斯（Celia Harris）和她的研究团队想改变这一看法，于是在2011年发表了一篇引人入胜的文章，挑战现有的普遍针对陌生人的研究方法。他们则着重研究了相互之间非常熟悉的人们，以及他们是如何回忆共同经历过的事情的，这其中既有个人事件，也有公共事件。

在第一组实验中，研究者采访了12对已结婚26~60年的夫妇，看一看他们共同回忆的时候会发生什么。实验一共有两次，两次中间相隔两周的时间。在每次采访中，研究者都会给每个参与者一个随机的单词表，要求参与者记住表上的单词。另外，参与者还被询问了一些个人信息问题，包括他们认识的人的名字等。在第一次实验中，每个参与者都被要求独自回忆非个人化的随机单词和个人化的熟人名字。在第二次实验中，研究者同时采访了夫妇二人，让他们一起回忆单词和人名。研究者发现，有些夫妇表现出了"合作阻碍"，即他们一起进行回忆的时候，回忆的质量和回忆起的信息数量都没有独自回忆时的高；而另外一些夫妇则表现出了"合作促进"，即在一起进行回忆的时候，他们帮助对方回忆起了更多信息。**同伴的存在到底会促进还是阻碍一个人的记忆，取决于他们一起合作进行回忆时的效果。**

研究者发现影响合作记忆效果的有两种因素：同伴之间缺少凝聚力就意味着"记忆削减"因素的存在；同时也有"记忆增强"因素，这得益于同伴之间交互回忆的方式。比如说，如果一对夫妇以交互的方式互相帮助对方进行回忆，他们之间的对话很有可能就像下面这样：

参与者1："他的名字是什么来着？艾德什么什么的……"

参与者2："是艾德·舍曼。"

参与者1："对对。所以艾德·舍曼跟我们一起出席了那次晚宴。"

参与者2："庆祝南希生日的晚宴。"

参与者1："没错，蛋糕大得不得了，吃起来像硬纸板似的。"

这样一来，他们就填补了对方的记忆缝隙，像团队合作一样建构了整个故事。

我的好朋友，阿姆斯特丹自由大学的安妮丽丝·弗莱德维尔特（Annelies Vredeveldt）不甘心局限于回忆人名的实验，于是她率领团队进行了更深入的研究。2015年的一项研究中，她召集了一些刚看完戏剧走出剧院的夫妇，这部戏中有一段3分钟的场景，讲的是一个人杀了自己的父亲，然后强奸了自己的孪生妹妹——安妮丽丝等人要研究的就是夫妇们对这段场景的回忆。被召集到的参与者事先完全不知道自己会被询问是否愿意参加一项记忆研究，所以他们看戏的时候是完全没有准备，也不可能专门留意这段场景的。

这些夫妇在一起的时间平均有31年了，他们先被分开采访，随后一起接受采访来回忆这部戏。研究者发现，合作回忆并不一定可以保证参与者能回忆起目标场景中更多的信息，但是他们回忆中出现的错误的确比单独进行回忆时少了。单独回忆时，每个参与者平均犯了14.6个错误；合作回忆时，每个参与者平均只犯了10个错误。安妮丽丝把这种回忆更少错误细节的效应叫作"错误删减"（Error-pruning），这种效应出现的原因可能是我们对待共有的记忆更加谨慎，不太会说出我们不确定的细节。安妮丽丝的另一个发现可以说是提前证实了西莉亚·哈里斯的结论，即某些策略能够更好地帮助夫妇们进行回忆：肯定对方说出的新信息，重复或转述他们的见解，并且详细阐述对方的叙述。

安妮丽丝和她的团队表示："综合我们的研究结果来看，在特定的情况下，让目击者坐在一起进行讨论也未尝不是一个好办法。"这个消息真是太好了，因为我们大多数人的记忆从某种程度上来说都是共有的。艾琳·斯凯格博格（Elin Skagerberg）和丹尼尔·莱特（Daniel Wright）认为，现实生活中有高达88%的目击者拥有共同目击者，这其中有很多人身边还有超过三个人共同目睹了某事件的发生，还有超过一半以上的目击者与现场至少一个人讨论了发生的事件。这就像我们生活中的很多情况一样，某事件发生的时候我们身边至少有一个朋友，我们马上就会跟这个朋友讨论刚发生的事情。

那么知道了这些研究结果，我们又能做什么呢？我们从前面几章的内容可以知道，与人一起进行回忆极有可能出现很多问题。当记忆被分享的时候，我们可能会偷走别人的记忆、歪曲记忆，甚至制造出完整而复杂的虚假记忆。弗莱德维尔特等研究者也同意记忆非常"善变"，但是他们也认为在某些情况下，我们出现虚假记忆、产生记忆错觉的可能性不一定像在其他情况下那么可怕。具体来说，如果我们非常熟悉一个人，或者我们使用能够帮助我们进行正确的合作回忆的策略，我们就不会那么容易犯错误了。然而在实际操作中，这类研究可能得到的结果尚不得而知，因为我们对合作回忆好处的研究还缺少足够的细节，也不够深入。我们还不知道，当与陌生人合作的时候，我们是否还能得到让人满意的效果；或者共同目击事件和共同回忆产生的效应是否永远是有问题的，是否永远会造成记忆的歪曲。

目前的研究结果都强烈地建议，一旦产生什么记忆，就趁它受到任何外界影响之前把它写在纸上。把初始记忆记录在以后可以找到的地方之后，你就可以放心大胆地与他人分享了。只是要记住，你的朋友和家人可以帮助你的记忆变得更加丰富饱满，也可以轻而易举地阻碍你的记忆沿着正确的道路发展。

网络记忆

我们把自己的生活分享在社交平台的那一刻，就已经让不计其数的人们共同目击了我们的生活，这对我们的记忆会造成无可挽回的改变——使它变得更好或者变得更差。

如果改变是好的，从基本方面来看，通过社交媒体记录生活中的事件会增强对这些事件的记忆。在科学文献中，这有时候被叫作"检索实践（效应）"（Retrieval Practice），意思是回想信息能加强对该信息的记忆。针对该效应的研究表明，单靠回想某些信息就能更好地记忆这些信息，比花同样的时间再学一遍的效果要好得多。

社交媒体也赋予了我们前所未有的确凿信息来证实自己记忆的能力。上传到Instagram的照片记录下了我们中午在哪儿吃了午饭以及吃了些什么。查看我们以前发送到推特上的那些话，就能发现随着时间的推移我们的看法发生了哪些变化。在脸谱上加了好友之后，我们就能随时知道和这个朋友第一次见面是什么时候，我们和这个朋友的关系是如何一步步发展的。我们的个人数据多得不可胜数，于是我们可以追踪、确认很多记忆的真实性。当涉及到虚假记忆的问题时，这些数据自然也就变得极其有用。整个世界都是我们的见证，一旦遇到麻烦，我们可以随时回到网上去追溯事实真相。

但是，社交媒体记忆的另一面却更加令人担忧：它会变本加厉地分散我们更多的注意力；谁都有可能迅速地给我们输入错误信息；有了谷歌方便我们随时查找信息，我们就更不会花精力去进行记忆了。另外，社交媒体的即时提醒无时无刻不在侵蚀着我们的生活，把越来越多的信息劈头盖脸砸向我们，这也很有可能严重扭曲我们的现实生活。

这与第3章提到过的提取诱发遗忘效应有一定的关系——每当我们回想起什么事物，储存这部分记忆的神经元网络就会被激活，这部分网络有可能会发生改变，并丢失一部分没有被直接回忆起来的细节。比如说，脸谱给你推送了一条关于某次假期的提醒，这条提醒可能只是一张照片和照片下的说明文字。于是你想起了拍摄这张照片那一刻的事情，同时你也非常有可能会忘掉那天发生的但未被脸谱提到的其他事情。

当然，不止社交媒体能改变你的记忆，你在任何情况下重诉某段记忆都有可能将它歪曲。而社交媒体的不同之处在于，社交媒体提醒你的"历史事件"是从你的"网络角色"里选出来的，也就是说，这些事件本身就是已歪曲的、适合发布到社交网络上的你的生活的一个"版本"。这些加起来就是"双重歪曲"——现在的记忆被原本已经歪曲的"网络角色记忆"再次歪曲。

社交媒体评估我们的哪些经历可以算作最有意义的，其实是把我们的记忆按照"是否值得分享"这一标准进行"优胜劣汰"。与此同时，**社交媒体也在按照大众的喜好有选择地强化我们的某些记忆，使某些记忆显得比其本质上更"有意义"、更"值得纪念"——这些都会扭曲我们的"个人现实"**（Personal Reality）。你如何知道你是在回忆自己实实在在经历过的"现实"，还是在回忆精心制造的"网络现实"呢？你八成分不清楚，因为记忆的社会过程被无限放大了，可能正以前所未有的方式深入到我们的生活之中。社交媒体以及我们同别人建立联系的能力，正携手带来史无前例的新挑战和新效益，记忆研究专家们才刚刚踏上探索它们的征途。这是一个全新的世界，我们一起翘首期待，人类的共同回忆将会有怎样激动人心的发展和改变。

第 9 章
图奇把我的裤子脱掉了

⌄
⌄
⌄

为什么我们对创伤性事件的记忆可能是错的

有的时候，虚假记忆会摇身一变，成为真实恐怖的噩梦。

当站在这本书讨论过的诸多概念的交汇处时，我们就会被卷入一场风暴，一场由对记忆工作原理的误解、错误的记忆回溯方法和过度自信制造的风暴。我们在风暴中讲述的复杂至极而又异想天开的恐怖故事，对我们所爱的人、我们自己以及公平正义，都有着巨大的影响和暗示力量。

别着急，让我先给你讲一个十分严重的案件，慢慢告诉你我到底想说什么。这个故事已经被很多人讲过很多次了，我自己也拼凑起了一个版本，而我相信我的版本能够代表（大多数人都同意的）真实事件的基本轮廓。我引用的支持材料大部分来自新闻调查记者查尔斯·森诺特（Charlse Sennott）1995年的细节报道。

那是1984年的春天，我们在马萨诸塞州的摩顿市。一个4岁半的男孩儿穆雷·凯西（Murray Caissie）就住在这里。穆雷的妈妈说他经常尿床，而且最近尿床的频率越来越高。到了那个夏天，穆雷开始像他16个月大的弟弟一样咿咿呀呀不好好说话了，而且开始时常调皮捣蛋，他甚至还被当场抓住在跟自己的表妹玩具有性暗示的游戏。穆雷的行为让他的妈妈越来越忧心忡忡。

一天晚上，穆雷又尿床了，他害怕得大哭起来。他的妈妈禁不住开始疑惑，孩子是不是遇到了某种糟糕的事情才导致了此类行为的呢？妈妈的疑惑和担忧与日俱增，她怀疑自己的孩子很有可能遭受了性侵犯。她之所以会想到这一点，是因为她的弟弟小时候就遭到过猥亵。

穆雷的妈妈叫来自己的弟弟，让他和穆雷谈一谈。于是他给小穆雷讲了自己在夏令营中被猥亵的经历。他还告诉穆雷，如果有任何人试图脱掉穆雷的衣服，或者让他做任何不愿意做的事情，穆雷都应该说出来。穆雷想了一会儿告诉舅舅，他被图奇（Tooky）带到了一个房间里，然后图奇"把我的裤子脱掉了"。图奇是一个叫杰拉尔德·阿米洛特（Gerald Amirault）的人的昵称，他是菲尔斯埃克斯日托中心（Fells Acres Day Care Center）的员工，这也是穆雷上的日托中心。几个月以前，穆雷尿湿了裤子，他的老师就让阿米洛特带穆雷去换衣服。

9月2日，星期天的傍晚，穆雷的妈妈给社会服务管理局热线打电话，报告了阿米洛特把她的儿子带到了一个秘密房间实施猥亵的事情。社会服务管理局便和摩顿警察一道询问穆雷这件事，但是穆雷完全说不清楚自己遭受猥亵的地方到底在哪儿，也不记得阿米洛特除了脱掉了他的裤子玩弄了他生殖器之外，还做了些什么。

第二天，杰拉尔德·阿米洛特就被逮捕，并被指控强奸。接下来的一星期，警察到日托中心要求提供该中心所有孩子的名单。阿米洛特会不会还猥亵了其他的孩子？他们询问了许多孩子，根据法院案卷来看，基本上所有孩子都说什么事情都没有发生过。

此时这件事情已经被媒体报道了出来，家长们的担忧也蔓延开去。9月12日，警察把日托中心孩子们的家长召集起来开了个会，参会的家长有100多人。当警察刚刚说明当时的情况，就引起了家长们的阵阵恐慌。旁边的社工们当即分发了一张单子，上面列出了遭受性侵后还可能出现的行为症状，其中包括尿床、梦魇、食欲不振，以及上学的路上大哭。警察要求家长们一旦发现孩子有这些症状就一定要向他们报告，他们就会请专家在一个安全的环境里采访孩子。

有些孩子都符合这些症状，警察就更详细地指导家长，让他们持续不断地询问孩子们是否遭到过性侵，如果孩子不承认，家长也不能马上相信孩子的话。据当时在场的人讲，警察明明白白地说"上帝禁止你们支持任何被指控有罪的人。你的孩子可能永远都不会原谅你。"

又有40个孩子被认定遭到了猥亵，他们其中的19个人后来接受了儿科护士苏珊·凯利（Susan Kelly）的采访。苏珊·凯利发表过大量关于孩子惨遭性侵或虐待的文章，所以警察请她来协助调查。很多孩子一开始都说没有发生过这样的事情，但是凯利认为这些孩子只是还没准备好开口而已。为了营造一个适合孩子的安全环境，她使用了波特和欧妮玩偶（Bert and Ernie puppets）和几个与人体结构类似的娃娃来跟孩子对话，并且不断鼓励孩子们说出自己经历过的恐惧和不安。

法院案卷记录显示，孩子们后来就开始陆续详细地描述了自己遭受的令人难以想象的侵犯。他们说自己参加过裸体游泳派对，被邪恶的小丑带去过"魔法房间"；他们还说，这个"邪恶的小丑"用他的"魔法棒"侵犯他们的时候还会"在房间里扔出火球"。孩子们的描述中还出现了《星球大战》里面的"像机器人一样的绝地武士"，要是孩子们不顺从，"绝地武士"就会咬他们的胳膊。除此之外，孩子们有声称自己被龙虾猥亵的，还有看到过杀死动物献祭的。其中还有一个4岁的女孩儿说，有一把12英寸长的剔肉刀插进了自己的阴道。

以上这些只是菲尔斯埃克斯日托中心众多案件的一小部分，很多孩子都指证了杰拉德·阿米洛特的罪行，于是他被判入狱长达几十年之久。他的母亲维奥莱特（Violet）和姐姐彻丽尔（Cheryl）也在该日托中心工作，她们也被指控犯了猥亵罪；然而这三名被告否认了所有指控。这个案件中的所有罪行如果是真的，那么绝对骇人听闻、令人发指；而且一想到受害者的遭遇万一石沉大海不为人知，实在令人毛骨悚然。于是，这类案件已经引起了很多科学专家的深切忧虑，因为警察从涉案孩子口中取证的方式有待商榷，而且案件审理过程中始终没有切切实实的证据，法庭定罪的依据竟然只是孩子们的证词。

1998年，法官艾萨克·伯伦斯坦（Isaac Borenstein）指出了菲尔斯埃克斯案中的诸多疑点，并最终推翻了对维奥莱特和彻丽尔的有罪裁定。他在任期间曾直言不讳地说："过分热情而没有接受充分训练的调查员们，可能意识不到使用不恰当的问话和调查方式可能带来的重大危险。他们在恐慌情绪肆虐（也许还不到歇斯底里的程度）的情况下对孩子和家长们进行了问询，引发了带有极度偏见而又无法挽回的错误。他们工作上的严重失误，致使孩子们说出了被扭曲的证词，从而无法弥补。"杰拉德·阿米洛特的有罪判决还是没能被推翻，不过他最终在2004年从马萨诸塞州惩戒中心被假释出狱。他的母亲和姐姐被无罪释放之后，仍然有人就她们到底是否有罪争论不休。杰拉德和彻丽尔一直以无罪的身份生活着，他们的母亲维奥莱特·阿米洛特于1997年去世了。

这个案件的真相我觉得已经无从知晓，但是我认为这整个案件就是一个与记忆相关的方法问题大集合，我打算把它们一个个都拆开来展示给你们看，希望能就此解释清楚我们应该如何避免出现类似的混乱和错误。让我们从前面提到过的记忆可塑性入手，来检查几个关键部分。记忆拼图上的每一小片都可能导致虚假创伤性记忆的形成——比如对并未发生的性侵事件产生了虚假记忆——这里面包括缺少必要的怀疑，对遭性侵后症状的妄自猜测，假定犯罪事实一定存在，对科学的无知，甚至包括匪夷所思的想法——有一个邪恶的地下性侵团伙。

怀疑论的必要性

我们先说怀疑。如果一个人善于怀疑，他会寻找多方证据来支持自己的假设，而不是理所应当地认为自己的想法都是对的。**善于怀疑跟善于批评是不一样的，一个热衷批评的人会积极地从一段论述中找出错误和瑕疵，而善于怀疑的人会同时为自己的假设找支持依据和反对依据。**从菲尔斯埃克斯案件中不难看出，人们指控"犯罪嫌疑人"的时候，那些负责调查的人都不是善于怀疑的人，或者说他们都不是怀疑论者。

曾经在那所日托中心工作的一位老师，在接受新闻记者查尔斯·森诺特（Charles Sennott）采访时说："他们真是把我吓得不轻……整个过程都是为了证明他们有罪，却没有一个人问过：'你觉得真有这回事吗？'没人愿意听我们的直觉判断是什么。"询问孩子们的调查员根本没有怀疑孩子们那些天马行空的被小丑、机器人、龙虾猥亵的故事，反而觉得这些都是孩子们因为不懂所以用自己能理解的方式对遭遇进行的描述。寻找证据的压力不复存在，而符合办案人员抓住（假想）罪犯的预期"解释"却得到了采信。

这个案件中证据不足的情况令人震惊。比如"用剔肉刀猥亵"这一罪行肯定是应该在孩子身上留下了伤痕的，但是任何孩子身上都没有刀疤或者任何可疑的外伤。另外，假如这种非人的兽行真的一再发生，其他老师肯定会有人感觉到蹊跷或发现端倪，但是并没有哪位老师提供任何确凿可靠的线索。孩子们描述中出现的"魔法房间"也一直没能被找到。后来，复查该案的调查员在观看警察和心理专家与孩子们谈话的录像时发现，孩子们一开始的回应都是否定发生过什么的，但是却一直被"玩偶们"的诱导性问题鼓励着，最后才说出了暗示遭受性侵犯的回答。

约翰霍普金斯大学的心理学家麦吉·布鲁克（Maggie Bruck）曾做过大量实验来研究能诱导孩子编造出"经历"的问话技巧，她说："我没有资格告诉你阿米洛特案中的孩子们是否说了实话，但是我可以明确告诉你的是，警察对孩子们的问话是高度诱导性的审问过程，而研究显示，在这样的情境中，孩子们就会编造出虚假经历。"只要回想我们在前面几章提到的知识，就能看出这个案子中的调查方法是多么具有诱导和暗示性，其中还包括制造虚假记忆的想象引导。

这些问题都被忽视了，可能是因为孩子们的描述都情绪激动且细节丰富。当然，在这种恶性案件中采信可能的受害者的说法是很有必要的，但是盲目相信回忆的真实性就太不明智了。即使是那些不相信案件罪行真实性的批评人士，也并没有说孩子们在撒谎，而是说孩子们的记忆被误导了。就像我们在本书中一直讨论的那样，虚假记忆总是看起来、听起来、感觉起来非常真实，它们并不像谎言那样具有主观上的欺骗性。

现在我们都是事后诸葛亮，很容易就能看出案件中那些不善于怀疑的人所犯下的种种错误。然而，如果说我们的孩子、朋友或者家人遭受了同等的暴行，我们的应对方式难道不会像案件中的那些人一样？指控某人犯罪往往会使人产生预设，而预设就会使人本能地做出反应，我们可能就会奋声疾呼："抓住这个禽兽！"罪犯被绳之以法之前，我们甚至都会不眠不休。我们也很有可能完全不去反思一下，会不会是我们关心的人无意中形成了某种虚假的创伤性记忆——尤其是当他们的回忆中充满了可信的细节的时候。

在这起案件以及其他类似的案件中，我们都能清楚地看到，人们根据身边人的行为和情绪自然而然地产生了"他被性侵了"的预设。但是，我们真的可以这样做吗？

性侵适应调节综合征

在菲尔斯埃克斯案件中，小男孩穆雷被认为显示出了被性侵后的应激症状。这些症状包括行为不正常、玩带有性暗示的游戏以及尿床。当时在日托中心开会的家长们手中拿到的症状说明更详细地描述了这些症状，有一位家长说："报纸上列出了一个症状表，告诉你应该注意孩子可能遭受性侵的信号……像难以入睡、做噩梦、尿床……"

以上这些情况的出现一点都不令人感到惊讶。1983年，美国的司法系统的确针对儿童性侵的报案情况做出了一些改变，"性侵适应调节综合征"（Sexual Abuse Accommodation Syndrome）也在同一年被提了出来。

最早使用"性侵适应调节综合征"这一术语的，是医学博士罗兰·萨米特（Roland Summit），他看到当时人们对性侵犯的认识和担忧日益增长，就想创建一个模型以供大家使用，其中包括关于孩子们对自己遭受性侵的描述。他表示，性侵犯的创伤性效应会给孩子造成一系列的负面心理影响，比如羞耻、窘迫、对性侵者效忠，以及认为自己应该为被性侵负责。孩子们由于忍受着心理上的折磨，所以通常不会马上就把被性侵一事讲出来，并且会否认性侵的发生，改变自己原先的证词等等。托莱多大学的心理科学家卡玛拉·兰顿（Kamala London）和同事在2008年发表的一篇研究论文中说："萨米特1983年论文的发表对司法审问程序产生了极大的影响。"

萨米特的论文对当时的心理治疗师——比如参与了菲尔斯埃克斯案件的那些治疗师——的影响尤为巨大。案件中几乎所有孩子一开始都不承认有性侵事件的发生，这被当作一种心理防御机制而被心理专家忽略了；尽管指控证据不足，但是人人都坚持着"必然发生了性侵案"这一预设。瑞妮·布兰特（Renee Brandt）是在该案中协助对孩子们询问的首席心理专家，她在法庭上表示遭受性侵的孩子不会马上承认这一事实是非常正常的，而且"孩子一旦开口讲述自己的遭遇，他们内心的压抑就会变少。所以通常情况下，此时他们会第一次出现性侵后应急症状，或者他们的症状会变得特别夸张。"

那么这个模型建立的根据什么？支持"孩子们会否认被性侵"这一观点的证据是什么？卡玛拉·兰顿与同事对孩子们如何向别人描述被性侵展开了研究。他们总结了几十项研究中的证据，发现"真正的性侵犯案件在被司法鉴定的时候，否认和改变证词的情况并不常见。"他们表示这些科学文献并不能支持萨米特提出的模型，因为他们找不到"经验上的支持"。也就是说，孩子们到底会不会否认自己遭到过性侵在很大程度上还是一个未解之谜。

另外，兰顿和她的团队认为，那些所谓能指示儿童遭到性侵的症状一点用都没有，因为"从心理学特征和医学特征上并不能可靠地区分孩子是否遭到过性侵"。他们尤其指出，有些可能与性虐待联系起来的行为，如焦虑、尿床、玩带有性暗示的游戏等，"在很多孩子身上都会有所表现"。

尽管如此，很多人仍然相信被性侵后是会有切实症状的。比如，2016年的英国防止虐待儿童学会网站上就有一个孩了可能被性虐待的症状列表。这张表上列出的症状有"对其他孩子表现出过度暴力""上学注意力不集中，经常迟到""尿床或在床上排便"。这些症状可能的确与性虐待有关，然而有必要强调它们之间也可能根本没有必然联系。

1993年，新泽布什尔大学的心理科学家凯瑟琳·坎道尔–塔吉特（Kathleen Kendall-Tackett）和同事们进行的一项集合了众多针对风险因素个体类型的研究，并且提供了清晰的证据证明，孩子们经受性虐待之后的确会有一些特定的表现。举例来说，在被性虐待过的孩子中，平均有33%表现出了恐惧，53%表现出了"创伤后应激障碍"的一般症状，28%有不恰当的与性有关的行为。

但是严格来讲，他们所做的各项研究中，大约有三分之一的孩子没有表现出任何症状。所以实际情况是，尽管有很多孩子在遭受性虐待后会表现出一些相关症状，但是这些症状并不是普遍存在的，而且有很多孩子完全不符合这套体系的描述。按照他们在论文中所说的："研究中并没有发现任何明确的'被性虐待儿童后遗症'，也并没有发现任何创伤性过程。"换言之，我们根本不应该一看到孩子的行为异常就认为他遭受了性虐待；孩子之所以会有破坏性的、暴力的行为，会逃学或者尿床，个中原因实在多得不胜枚举，而且都跟性虐待毫无关系。把这些问题当成遭受性虐后症状会严重影响问询的正常进行，很有可能致使警察使用暗示性诱导的提问方式——尽管有时可能并非有意为之——来引导孩子们说出自己的"遭遇"。

关于菲尔斯埃克斯案——以及其他很多类似案件——的另一种猜测，这是一种隐匿的"宗教仪式性侵害"。这种观点在当时的流行程度超乎你我想象，今天在一些地方仍然被人们大肆讨论。我们接下来就要说一说这个问题。

秘密撒旦之性

由于法律调查手段存在问题，导致儿童保育员被指控对孩子犯下宗教仪式性侵害，这种情况已经发生过不止一两次了。与恋童癖性侵团伙有关的大量犯罪指控浮出水面，是在所谓的"撒旦恐慌"时期——20世纪八九十年代美国对托儿所性虐待产生歇斯底里式的恐慌，这后来给全世界的家长和警察带来了巨大影响。当时可以说是对"宗教仪式性侵害"进行了不遗余力的大肆宣传，比如米歇尔·史密斯（Michelle Smith）和劳伦斯·佩兹德（Lawrence Pazder）博士所著的畅销书《米歇尔不会忘记》（Michelle Remembers）。

这本书是心理医生佩兹德给病人史密斯进行心理咨询治疗整个过程的真

实记录，1980年刚出版的时候曾红极一时。1973年，史密斯第一次来到了佩兹德位于加拿大维多利亚的私人办公室，当时她是为了治疗流产后抑郁症。在常规咨询治疗过程中，史密斯告诉佩兹德，她觉得自己好像有什么非常重要的事情需要说出来，但是她记不起是什么。在一个好医生看来，这个奇怪的遗忘症状显得非常重要，于是佩兹德在接下来的14个月中对米歇尔·史密斯实施了超过600小时的催眠治疗，试图帮助她回想起自己遗忘的过去。

她的确回想起来了。在某一次治疗中，米歇尔不停地大喊大叫，持续了25分钟，而且开始用5岁小女孩的声音说话。她回想起来，自己遭受了继母伙同其他人对她实施的性虐待，而且是宗教仪式性的性虐待，她认为这些人都是维多利亚时代撒旦邪教的成员。她记得自己当时只有5岁，被继母一伙人折磨、性侵，被锁在笼子里，被迫参与恐怖的宗教仪式，还目睹了宗教献祭式的谋杀。

这本书在当时掀起了关于在心理治疗中找回遗忘的记忆——特别是宗教仪式性侵害的记忆——的公共大讨论，并把当时被认为日益严重的撒旦崇拜热潮及其宗教性虐待问题加入了大讨论的话题中。伴随着这本书热销的是大批自称遭受了宗教仪式性侵害的受害者的不断出现，同时也有越来越多的律师在准备控诉撒旦教教徒的司法案件中，把佩兹德的书作为自己的指导手册。这本书甚至还被用作社工的培训材料。佩兹德于是成了心理学领域的核心人物，也成了这个领域的专家，他的书被公认是非常重要、及时、精准的。

然而不幸的是，这整个故事看起来都太假了——或者从书里的那些恐怖事件来看，这或许是个好消息。这本书后来一直被新闻记者和调查人员不断质疑，因为书中完全找不到能证明那些罪行的切实证据。书中健在的家庭成员否认了所有的犯罪指控，描写的大部分事件都极其不可能发生，而且故事充满了矛盾。这本引发了一代人恐慌的书，似乎只是作者凭空想象出来的。

伊丽莎白·洛夫特斯（Elizabeth Loftus）是虚假记忆研究领域的主要研究者之一，她针对这阵"性侵臆想"潮写过很多评论文章。有一篇文章非常经典，《谁性侵了珍·朵依？》（ *Who Abused Jane Doe?* ）①，她和同事马尔文·盖尔（Melvin Guyer）在文章中表示，在这类案件中所使用的心理治疗手段——包括催眠和记忆回溯——都得不到科学支持。她认为这些心理医生和"恢复记忆"治疗的支持者们所依赖的证据非常值得怀疑，因为原本就没有证据能够证明被压抑的记忆究竟是否存在。这个问题我们马上就会讨论。

洛夫特斯给出的结论是，这些心理治疗手段是庸医的欺骗行为；而最终能够被法庭视为证据的，可能只是一群人的臆想预设引发的一连串后果，或者是对证据的错误解读。为了更清楚地理解这些，我们要请出弗洛伊德了。

为什么弗洛伊德是错的

我们得感谢西格蒙德·弗洛伊德（Sigmund Freud），是他提出了"被压抑的记忆"（Repressed Memory）这个概念。弗洛伊德，这位非凡的奥地利精神病医生，革命性地改变了我们对心理学的理解，让我们知道了意识和潜意识的存在，知道了本我、自我、超我。弗洛伊德，这位精神分析学家，多次被提名诺贝尔奖却从未获得。弗洛伊德，就住在我家附近。

西格蒙德·弗洛伊德人生最后一年是在伦敦的汉普斯特德度过的，他的故居是建在一条绿意盎然的街道上的一座红砖楼，后来这里作为弗洛伊德博

---

① 译者注：Jane Doe，即无名氏、某女；在法律诉讼中女当事人真名不详时对她的假设称呼，或者用来称呼由于法律等原因不能公布真实姓名的女性。

物馆对外开放。我住的地方距离弗洛伊德博物馆步行只需要十分钟。弗洛伊德在生命的最后一年里精神和身体健康状况都急剧下降，他很有可能大部分时间都只能坐在轮椅上待在家里。但是我在附近散步的时候，总是会想象弗洛伊德正陪我一起散步，这画面虽然绝无可能出现，但是也让人内心愉快。

只不过，假如让我现在真的跟弗洛伊德见面的话，我们一定会相互憎恨的，我和他在科学认识上有巨大的分歧。要想知道我为什么这样想，你得先了解弗洛伊德对现代记忆研究的贡献，以及他在这个问题上出现的错误是什么。批评作家理查德·韦伯斯特（Richard Webster）1995年写的一本书《为什么弗洛伊德是错的》（*Why Freud Was Wrong*）为我们提供了非常方便的资料，他在书中认为，弗洛伊德的精神分析理论可能是有史以来最复杂也是最成功的伪科学理论。

弗洛伊德的假设实际上存在很多问题。首先，他假设有一种"无意识"或"潜意识"，能够储存我们无法接受或者令人不悦的记忆、情感、欲望和动机，并因此被"有意识"地压抑了下去。按照弗洛伊德的说法，虽然我们一般无法直接接触到无意识和隐藏的创伤性记忆，但是它们会从我们日常行为中显现出来。

这就类似于我们前面提到过的"尿床"症状的假设，即尿床被认为是严重心理创伤的行为后遗症。**弗洛伊德发表的理论都是根据对自己病人的采访而提出的，其依据并不是科学研究**。我真的很想说，弗洛伊德根本不能算是一个科学家，你要是不相信我，就问问诺贝尔奖评选委员会是怎么说的吧。弗洛伊德被连续12年提名诺贝尔奖之后，评选委员会聘请了一位专家专门去调查了他的工作。这位专家得出的结论是："弗洛伊德的研究没有能被证明的科学价值。"

弗洛伊德的第二个假设是，很多身体和心理障碍都是童年的创伤性经历造成的。这个假设被提出的基础，是弗洛伊德作为内科医生在治疗病人的癔症（他将此病症定义为"精神不稳定"）时提出的理论推测。他认为这种癔症是内部心理冲突导致的身体症状，其中包括失忆症。这种假定条件被认为只会影响女性——于是数年之后，女性主义者把弗洛伊德的这个观点抨击得体无完肤。

而这种疾病最常见的致病因，弗洛伊德认为是被压抑的性虐待。到弗洛伊德那里寻求治疗的女性病人，自动就被预设了她们童年时期遭受过创伤。如果她们否认，弗洛伊德就认为这是她们遭受过性虐待的证据，正如他在自己的记录中所说："接受分析治疗之前，病人对这些事件一无所知。"

弗洛伊德的第三个假设是，所有这些"疾病"都可以通过心理治疗中的想象再现手段治愈。尽管病人会否认自己曾被性虐待，但是弗洛伊德选择忽略他们的"抗议"，并要求病人想象自己遭受（弗洛伊德认为病人经历的）性虐待时的场景。他鼓励病人想象得尽可能详细，而且鼓励病人尽可能多地进行心理治疗。他觉得这种"回溯"手段能够帮助病人找回被压抑的记忆。

弗洛伊德以为这样的治疗过程是在强制进入潜意识，却没有想到实际上是强迫大脑中负责"创造"的部分虚构出恐怖的故事。用他自己的话说就是："如果我提前告诉他们这些场景会在你脑海中显现出来，病人通常会变得很愤怒。只有用最强硬的治疗手段才能引导他们进行场景重现。"他相信只有通过回溯手段才能使深藏在潜意识里的创伤浮现到有意识层面，才能进而进行心理治疗。

克里斯·弗兰奇（Chris French）等虚假记忆研究专家则有不同看法，他们认为弗洛伊德这些假设最根本的基础是不准确的。"有意识的记忆与潜意识的记忆是相互分离且相互冲突的"这一观点完全没有科学基础。弗兰奇研究警察调查中的记忆问题几十年之后，在2015年明确表示："精神分析理论中的'压抑'并没有可信的证据支撑，但是有强有力的证据表明，这类心理治疗设置的情境实际上是形成虚假记忆的理想情境条件。"

而且虚假记忆专家斯蒂芬·林赛（Stephen Lindsay）和唐·瑞德（Don Read）也说："研究表明，心理治疗过程中有关记忆的极端治疗方式，实际上包含了所有提高记忆错觉发生可能性的因素。"他们表示，这是因为当有人试图进入所谓的被压抑的记忆或创伤的时候，通常就会出现四个大问题。

第一个问题是，专家或心理咨询师向客户（并非所有寻求心理帮助的人都是病人）介绍被压抑的记忆的概念，他们可能会说这样的话："很多人会把不好的记忆隐藏在潜意识中，这会持续影响我们的精神健康。"这样的观点会被前文提到过的一些"专家"支持，他们都声称病人会表现出压抑记忆的症状，比如焦虑或抑郁："焦虑是创伤性经历的普遍症状。"

第二，专家告诉病人，他们需要揭开那些被压抑的记忆，才能治好病症。

第三，病人会听到一系列带有暗示性的引导信息，这些信息来自书本、名人逸事，或者来自心理咨询师本人。

第四，专家或心理咨询师常常会直接给病人提供基本创伤的细节，然后要求病人根据记忆大纲把这些细节都想象出来。"想象一下你经历了一次创伤，那些记忆就会慢慢浮现在你眼前了。"

弗洛伊德所采用的治疗手段与现代虐待案调查手段中可能出现的问题有很多相似之处。正如我们看到的，当今研究（包括我自己的研究）结果表明，上述情况正好都符合虚假记忆形成的各种条件。然而，尽管弗洛伊德的所有关于"被压抑的记忆"假设、潜意识假设和记忆回溯治疗理论都已经被证实完全不可信，但是仍然有一小部分心理治疗师会把他的理论应用到实践中去。

2014年，加州大学尔湾分校的记忆科学家劳伦斯·帕提西斯（Lawrence Patihis）和他的同事们发表了一项综合调查研究。该调查研究显示，对"被压抑的记忆"这一错误想法的迷信自"撒旦恐慌"时期之后已经有所减少，但是仍然存在。劳伦斯团队所取得的海量国际样本中，有6.9%的临床心理医师相信"很多创伤性记忆通常会被压抑"，持相同观点的还有9.9%的精神分析学家，以及28%的催眠治疗师。

无火不生烟，无风不起浪

我们很多人在看待涉嫌虐待的案件时，经常会犯一个逻辑错误，那就是总认为"无火不生烟，无风不起浪"（Where there is smoke there is fire）。人们每每说出这句话时轻率武断的态度，总让我不寒而栗。我不禁疑惑，说出这句话的人脑细胞是如何运作的，才会让他以为这种想法就是现代的"公平正义"啊。他们把"无罪推定"曲解成了"有罪推定"①，"无火不生烟，无风不起浪"的假设明显就是一个人如果被指控犯了罪，那么他八成真是有罪。有时候即便一个人已经被判无罪，人们通常还是会坚持认为他的犯罪事实的确发生了——就算没有证据能证明其有罪，没有任何所谓的伤痕，不在场证明也很可靠，我们还是会任由最初的"有罪指控"左右我们应有的客观判断，蒙蔽我们应有的正义之心。

---

① 译者注：无罪推定即"innocent until proven guilty"，意思是一个人在被法庭证实并判决有罪之前，我们应该先假设他是清白无辜的；在许多国家的刑事诉讼中，"无罪推定原则"是所有被告都享有的法定权利，联合国国际公约也规定这是受保护的基本人权。反之，有罪推定就是"guilty until proven innocent"，即先入为主地认为一个人是有罪的，除非之后他被法庭证实或判决无罪；有罪推定的逻辑常常隐藏在人们的观念和思维习惯中，不易被察觉。

整个对"宗教仪式性儿童性虐待"提起诉讼的过程，尤其是之前为此所做的值得怀疑的问询和心理干预治疗，都跟当年的"塞勒姆女巫审判案"（the Salem Witch Trials）如出一辙——人们都毫不怀疑地接受了"既然被指控，就一定有罪"的预设，把自证清白这一巨大的压力不由分说扔给了被指控的"嫌疑人"。

臭名昭著的塞勒姆女巫审判发生在1692—1693年的马萨诸塞州，有200多人被指控使用巫术，有些人还因此被处决。法庭对被指控的"女巫"们进行了一系列审讯，其中包括游泳测试，就是把她们扔进附近的水池中，看看她们是会沉下去还是会浮起来，因为人们相信，真的女巫会因为"被水拒绝"而浮在水面上，不是女巫的普通女人就会沉下去。当然，很多人在测试中都沉了下去，那些没能沉下去的女人们就被判为女巫接受惩罚。

有时"女巫"死后仍不得安宁，她们的尸体会赤裸着被置于众人面前接受检查，看她们的身体上是否有所谓的"魔鬼印记"，也就是魔鬼在她们身上"留下"的结节、胎记等任何皮肤上的瑕疵。事实上一个女人身上的任何不同于其他人的瑕疵或缺陷，都会被当作这个人是女巫的证据，而且几乎没有谁能逃脱这种荒谬的指控——你怎样才能证明你身上的某个胎记不是"魔鬼"留下的呢？

这种情况与那些被指控对儿童犯下了"宗教仪式性侵害"罪行的人们所受到的待遇又有何不同呢？证据不够充分的情况下，他们一样会锒铛入狱，而且几乎无法自证清白——如果某件事情被认为是在非常私密的情况下发生的，而仅有的证据只是控诉方的口头陈述，那么找到证据证明该事件根本没有发生，真是比登天还难。

尽管说了这么多，有些专家还是明确反对用"女巫迫害"式叙述来审视性虐待案件。其中有一位是布朗大学的政治学教授罗斯·彻艾特（Ross

Cheit），他之前也在加州大学伯克利分校取得了法律学位和公共政策博士学位。2014年，他出版了《猎巫运动：政治、心理以及儿童性虐待》（*The Witch-Hunt: Politics, Psychology, and the Sexual Abuse of Children*），在这本书中，他分享了自己15年来的研究成果，详细解析了过去诸多"儿童性虐案"的庭审笔录和采访录音。

彻艾特指出，"女巫迫害"式叙述代表了人们对儿童性虐待事件的一种根本误解，儿童性虐待事件比很多人想象的其实要常见、普遍得多。而试图掩盖这一事实的人，通常就会把审理过程有问题的个案抽出来大做文章，让人们的注意力聚焦在零星的个案上，从而忽略这个问题实际上的普遍性。他在书中表示："持有'女巫迫害'式叙述视角的人，从来没有认真查阅过全国上下那么多性虐案件的侦办和庭审记录。他们把几个案子当作代表，轻易得出结论说儿童性虐案件的发生比例并不大，只是被夸张了而已。"他还说，"被性虐待"的虚假记忆的确有可能发生，有些案件的确疑点重重，但是这些都只是个例，而把个例当普遍就会歪曲"很多犯罪事实的确存在"这一实际情况。另外他也坚持认为，"被性侵虚假记忆的存在非常广泛"是一种过度夸张的叙述，而且对性虐案件的整个怀疑论调是非常有问题的，对于真正的受害者和司法系统来说也不公平。

问题太复杂了，一两句话根本说不清楚，彻艾特会提出这些观点也完全可以理解。没有哪个社会科学家会否认儿童性虐待问题的严重性，也不会否认向警察报案说自己曾遭性侵的大部分人的叙述是真实准确的。几乎所有性虐案件都是坐实了的，而对外公开报道的数量却屈指可数；受害者的声音亟待被倾听，正义亟待伸张。虽然彻艾特认为，虚假记忆研究专家只是在借儿童性虐案件兜售自己的理论，但是心理学家和科学家谁都不想在这种可怕的问题上跟他争辩不休。

我们要跟他理论的是，**暗示性诱导的提问方式的确会使人产生恐怖的虚假记忆**。另外，当处理儿童性虐案件的时候，特别是当案件中出现了匪夷所思的细节而犯罪证据又不充分时，我们就必须分外谨慎起来——因为这种情况显然表明存在虚假的创伤性事件记忆，因为这种虚假的创伤性记忆太像真的；因为遇到这类案件的时候，我们往往会被本能的情绪反应牵着鼻子走，而不愿意听从理性的声音。伸张正义的过程中我们必须牢记，在保护受害者的同时也必须尽最大努力保护可能被错误指控的无辜的人，这就要求我们在获取证词时不可以使用任何能引发虚假记忆的取证手段。

虚假记忆"综合征"

会使刑事案件审理过程出现问题的最后一个因素，是对科学的无知。很多协助办案的教授们都不了解最新的记忆研究（或者没有接受过相关训练）。

首先，我经常听到律师、心理医生、警察等张口闭口"虚假记忆综合征"——这种综合征根本不存在。"综合征"这个词本身就带有医学含义，就好像说一个人像得了感冒一样得了"虚假记忆"；它也暗含不正常的意思。从这本书前面介绍过的研究中我们就能知道，综合征在此的概念就是错的。任何人都有可能形成详细清晰的虚假记忆，而且有很多细小的虚假记忆在我们不知情的情况下一直存在着。虚假记忆只不过是正常的记忆加工过程中产生的副产品，所以正确的说法应该是，一个人有——或可能有——虚假记忆，删掉后面那个有碍视听的综合征。

2001年，莱斯大学的心理学家米歇尔·赫布（Michelle Hebl）和她的同事很恰当地总结了我们现有的立场："尽管'虚假记忆综合征'听起来很像科学术语，但是在目前临床诊断上并不能接受这种叫法……**这种综合征并无心理学基础，使用这个词的人是为了给被指控犯罪的监护人辩护。'虚假记忆综合征'是伪临床诊断术语，其使用会让人误以为该综合征是基于经验证据而诊断出的真实临床病症。**"今天的科学家绝不会使用"虚假记忆综合征"这个词。

如果你现在已经看过了这本书中的大部分章节，你可能已经非常了解造成虚假记忆的各种各样的因素了——从我们大脑的基本生化机制，到我们的过度自信倾向，再到能使人形成复杂的虚假记忆表述的错误问询方式，不计其数。

事实总是不尽如人意。几十年以来，科学证据已经堆积如山，却总还有人拒绝相信这世界上有"身体虐待"和"性虐待"虚假记忆的存在。尤其到了20世纪90年代中期，虚假记忆研究领域遭受了重创。虚假记忆理论的支持者备受指责，因为他们说如果受害人提供证词时的环境存在问题，那么它们的证词就有可能是假的。这当然不能代表研究者的集体立场，否则不但非常粗暴无礼，而且对真正的性虐待受害者也一点帮助都没有。

然而，战幕已经拉开，"记忆战争"就此打响，铺天盖地而来的是科研领域、法律诉讼、煽动性新闻文章中四起的硝烟。虚假记忆研究的反对者总是在控诉，说我们是在为罪犯辩护，让受害者噤声。当然他们的担心是有道理的，如果一个人真的遭受了创伤性经历而不被人相信，这就太可怕了。就算是这样，我们还是有坚实可靠的证据能证明虚假记忆的确存在，并且的确能被人为制造出来——而且所有的司法公正都应该保证无辜的人不被错误地判处有罪。这无疑是异常敏感而且艰难的问题，但是把"虚假记忆"彻底清理出讨论范围，试图否认"虚假记忆"的存在，肯定是毫无补益的，这世上根本没有什么能快速解决问题的一刀切式的捷径。

"枪手"

如果你告诉别人，你对所有的记忆都保持客观的质疑态度，而且你在法庭上更愿意为被告辩护，那么你就会被看成是一个支持犯罪的人。人们总是问我："你怎么能确定你不是在帮助强奸犯和杀人犯逃脱法律制裁呢？"答案是我并不确定。我知道有些罪犯的确利用虚假记忆为自己辩护成功，类似的情况肯定也在其他法律辩护中出现过——有人犯罪的时候完全清醒，却因为说自己"精神病发作"而成功开脱。但是话说回来，不论此类行为多么值得我们谴责，我们也不能否认真正的"暂时性精神失常"案件的确还是存在的，这很重要。

我的工作，我的同事们所做的工作，就是为了让大家意识到虚假记忆以及其他记忆歪曲现象的存在，同时尽最大的努力协助司法公正。每个人都有权利接受公平公正的审判；只有法庭所采信的证据是以实证为依据时，审判才是公平公正的，被指控犯罪的人在法庭上所受到的偏见和不公正待遇才会越来越少。有些老生常谈还是非常有道理的：有人指控你做了坏事，并不代表你就真的做了。**我知道记忆是怎么回事，我不希望自己生活在一个单凭一段记忆就能做出法律裁决的世界。**

"无罪计划"（the Innocence Project）是一个致力于帮助冤案中的"罪犯"证明无罪的国际组织，根据该组织的统计，错误的记忆——尤其是目击者的错误记忆，是造成冤假错案的最大元凶之一。2015年，"无罪计划"利用现代DNA检测技术排除一切合理怀疑，证明325个案件中的"罪犯"是无辜的；而这325个冤案中有235个都存在目击者错误指证的问题。由此可见，虚假记忆对案件误判有不可推卸的责任。

面对现实吧，告诉自己也告诉别人虚假记忆的确存在，它们像真实的记忆一样真切，但它们所包含的强烈情感和创伤性事件却都是假的。我们需要更深入地了解大脑和思维的工作原理，接受记忆的可塑性和不稳定性。知识就是力量，有更多关于记忆的知识，我们就会变得更强大、更理性、更客观，才能更好地保护自己不被错误的提问方式和先入为主的惯性思维拖入深渊。

无论你愿不愿意接受，海量的虚假记忆就在那里。

第 10 章
思维游戏

为什么我们应该接受错误记忆

如果你现在觉得自己的记忆脆弱得无可救药，失准得难以置信，那么我的工作就算做得不错，我写这本书的目的就是为了让人们接受"所有人的记忆都是布满瑕疵的"这一事实。你现在肯定已经非常清楚地意识到记忆的问题之多了：生理功能限制、知觉误差、来自外部的污染、注意力偏差、过度自信和虚构症。可是知道了这些又怎么样呢？记忆如此没用，不如不要这个能力算了？显然不行，我们需要记忆，依赖记忆，分分秒秒我们都不能没有记忆。

我前面肯定提到过一两次，元记忆是我们对自我记忆和其工作原理的认知，这是元认知的一种，是一种对自我思维的思考。拥有这样的能力，我们就可以仔细思考我们为什么能记住事物，是怎样记住的，我们记住单一信息的能力有多强。最早针对元记忆的研究之一，是乔瑟夫·哈特（Joseph Hart）1965年做的实验，他想借此搞清楚元记忆的一个典型特征，即所谓的"知晓感"（Feeling of Knowing）。

你知道自己知道

哈特描述说，"知晓感"是这样一种感觉：你觉得自己明明知道某事物，可是就是想不起来。他想知道这种感觉跟准确度是否有联系，想知道当我们觉得自己的确知道却无法立即想起来的时候，我们的感觉是否正确。经过多年的研究，他发现当参与者有知晓感的时候，他们的感觉往往是正确的；但是知晓感所感知到的信息只能被辨认出来，却无法被回想起来。也就是说，假如我们感觉自己知道某信息，那么我们应该能从多项选择中选出这个信息，但是没有办法把这个信息明确地写在空白的纸上——能明确写出这个信息的内容，而且能够回想起这个信息。

2014年，密西西比州立大学的心理科学家狄波拉·埃金（Deborah Eakin）和她的同事也做了关于这个现象的研究，他们想知道知晓感是不是不受年龄的影响，始终都很准确。他们让一批平均年龄19岁的学生和一批平均年龄72岁的老人共同完成了一个记忆实验，参与者一共需要来实验室两次完成电脑上的一个任务。第一次来实验室，研究者给他们看了一系列的人脸照片，这些照片中有名人，也有普通人（保证筛选掉了参与者认识的人）。

参与者一星期之后回到实验室，这次研究者又给他们看了普通人的照片，同时也给他们看照片上的人的姓名；研究者要求参与者把照片和人名一一对应记住。看完所有照片和人名之后，研究者询问参与者，如果让他们从多项选择中选出照片上的人的姓名，他们觉得自己的表现能得多少分（1分最差，100分最好）。接下来，参与者做了这个测试：看一张照片，然后从三个选项中选出正确的姓名。

测试结果果然不出研究者所料，大学生比老年参与者更擅长记住新的人脸和姓名，因为一般来说随着年龄的增长，我们学习新信息的能力就会减弱；但是研究者发现，知晓感在所有参与者身上出现的情况都是一样的。年轻参与者和老年参与者觉得自己"其实是知道的"的时候，他们的确是知道的，只是想不起来了。

对于自己知道什么不知道什么，我们是有着直觉性理解的；上面的实验结果很好地支持了这一观点。这也就是为什么我们有时候会说"只要看到，我就能认出来"。

请等一下，这难道不是在公然挑衅我在这本书中说过的大部分观点吗？我不止一次地重申过，我们对自己的记忆总是过于自信，所以有关真实性和准确性方面我们真的不能完全信赖自己的直觉。我这是出尔反尔自相矛盾吗？当然不是。且听我细细解释。

就拿埃金的"人脸–姓名"组合任务来说吧，年轻参与者在做测试前给自己的知晓感打分的时候，之前认为"我觉得我会记得"所得的分数是42分，之前实际没有认出来的信息所得的分数是24分。即便是那些实际上根本没记住的信息，参与者也认为自己很有可能事后想起来，这与第6章里介绍的"过度自信偏差"是一样的。这就表明，**知晓感也不是完美无瑕的，而且也有可能误导我们**。日常生活中一个典型的"知晓感偏差"实例是，你觉得"我认识那个人"，因为他看起来特别眼熟，但实际上你们从来都没有见过面。

当我们开始对元记忆知觉产生疑问，疑惑"我们的知晓感是从哪儿来的"的时候，我们就要开始谈论元认知对元记忆的监控了——"元元记忆"（Meta-metamemory）。此时此刻，我们就要从初级的"人类的记忆力有多好"这个问题，转而思考更高深、涵盖面更广的问题——"我们为什么会这样思考自己的记忆？"探索"元元记忆"的过程中会有很多挫败感和沮丧感，我们会怀疑自己的记忆到底值得不值得信任，也会发现把记忆力最大化的可能性。虽然我在不断地指出记忆可以变得多么"虚伪"，然后使我们误入歧途，但是我也必须强调记忆有多么伟大，多么不可思议——我们拥有一个能够存储海量信息的生物系统，这是一个进化奇迹！我们应该为此而感到无比庆幸。

现在我们来看一看怎样才能驾驭我们的错误记忆，并使其有效地为我们所用，进而改变我们思考人生的角度和方式。

思维游戏

有些人想要了解所有的事物——或者至少要比普通人知道得多。为了让自己变得更聪明，让自己知识更渊博，我们开始寻求记忆训练。这是一个日益膨胀的巨大产业，越来越多的手机游戏和电脑游戏宣称可以让你更聪明，可以提高你的记忆力。他们的广告都特别诱人，比如"我们的游戏经过了科学验证"，会给你"定制专属大脑训练"，或者宣称自己的游戏由神经科学家亲自设计完成。如果你游戏玩得越好，他们就会说这就是游戏作用的证明："哇！你是新手的时候完成一个数独要10分钟，现在你2分钟就完成啦！"

按照这个逻辑推而广之，那我们可以说任何游戏都能训练大脑，因为我们玩任何游戏都能越玩越好。如果游戏还宣称能改变你的大脑生理构造，那就更具诱惑力了——这当然是真的，实际上我们所做的任何事情都能改变大脑的生理构造（细微的），玩游戏当然也能。

这类游戏时常还会保证带给你的好处是"可转移"的：你的大脑通过玩游戏得到了优化，这对你做其他事情都有帮助。他们致力于发展我们的"流动智力"（Fluid Intelligence），也就是有关逻辑思考和在新境况中解决问题的能力。流动智力其实依赖于我们的工作记忆——任何情况下我们一次性能记住多少事物。玩一玩游戏就能提高我们的工作记忆能力和智商，这听起来真是让人蠢蠢欲动。

有一种测试流动智力的方法叫作"雷文推理测验"（Raven's Progressive Matrices Test），简称"雷文测验"，其中的图形组合测试会随着测验的推进而加大难度，图形一般都是简单的几何图形，比如正方形和三角形。这项测验主要针对的是流动智力的两种类型：理解复杂性的能力和储存并重现信息的能力。

2008年，伯尔尼大学的心理科学家苏珊娜·耶吉（Susanne Jaeggi）和同事们做了一项实验，来检验记忆力游戏能不能让人们在雷文测试中的表现有所提高。他们想看看，让参与者玩一个叫"n-back"的脑力游戏会发生什么。参与者在这个游戏中会接收到一系列刺激信息——图画、数字、字母等——信息之间间隔几秒钟。比如说，参与者可能会依次看到L—M—K—M。然后，出现一个新的字母，参与者要判断这个字母跟n个字母之前的那个一样不一样。n是研究者设定的数字，比如，如果n被设定为2，那么参与者就得判断自己眼前的这个字母跟他们在两个字母之前看到的那个是不是同一个。n的数字越大，游戏的难度就越大。

这个游戏的目的，是训练你的工作记忆能力，让你一次性能够记住更多的信息。耶吉和同事们想知道，完成这种难度很大的任务是否能让人得到可转移的技能，比如在雷文测试中得到更好的成绩。几十年来，多少研究都没能成功证明，玩提高认知能力的游戏能给人带来可转移的技能——而耶吉他们做到了，连他们自己也为此感到震惊。他们在研究中发现，在玩"n-back"游戏之前，参与者在10分钟内平均能完成9~10道雷文测试题（一共有29道），但是参与者们玩了19天游戏之后，平均10分钟内就多完成了4.4道题——玩游戏使参与者的工作记忆能一次性存储了更多信息。

对众多研究者来说，这项研究就像是打开了一道大门，他们开始觉得，或许我们真的可以开发一些益智游戏来改善人们的生活。然而这个想法再次被击得粉碎，因为这类流动智力提高效应的出现频率非常稀少，而且其他研究者都无法在实验中得到类似的结果。2015年，奥斯陆大学的莫妮卡·梅尔贝-勒瓦格（Monica Melby-Lervåg）和她的同事心理科学家查尔斯·休姆（Charlse Hulme）进行了一项分析研究：工作记忆的训练是否真的有效。他们综合分析了所有对此话题的研究，通过对所有研究结果进行统计分析，他们最后得出结论：**没有能够令人信服的证据可以证明工作记忆训练能提高我们的整体认知能力。**

益智游戏的确是让人向往的一片绿洲，但是想通过没日没夜地玩游戏来提高记忆力，这就太幼稚了。

秘密特工记忆术

有些机构和组织偶尔会请我去当顾问，希望我能帮助他们的成员改善记忆。我觉得其中最有意思的，是我在军事机构的工作经历。

一个记忆研究专家怎么协助军方呢？你恐怕会想到很多惊悚的场景，比如利用记忆研究成果来提升审讯恐怖分子的技巧，或者改变军队审问普通目击者的方式。你甚至可能会提起我最愿意被问到的问题："你会给间谍植入虚假记忆吗？"抱歉让你失望了，我不干这种事。我的一些同事们倒是直接参与过帮助军队了解审讯心理学的工作，甚至参与过间谍的训练，如果我被邀请去，大多都是关于一件事情：教特工如何辨识并牢记高质量的信息。

我从来不是去帮他们从别人身上榨取情报的，而是去教他们如何用基于证据的技巧来提高自己的记忆质量。军队非常明白，特工回国以后有可靠的记忆是多么重要。被安插在不同文化环境中的情报人员在汇报信息的时候，军事特工是几乎没有时间来记录信息的。所以他们需要知道记忆的工作原理是什么，他们怎样才能最大限度地避免出现记忆错觉（否则代价就太大了）；他们必须有可靠的情报才能做出正确的决策。于是，我就把这本书中讨论过的很多记忆相关的知识都教给他们：偏差如何篡改对信息的感知；记忆如何自我调整以适应社会要求；记忆如何随着时间的推移自然而然地改变，等等。

在实战中，他们需要工具来辅助记忆，毕竟他们要收集的信息是极难获取的，他们得保证这些信息无论如何都不会被混淆或破坏。那么我是如何帮助他们的呢？我教给了他们一些简单的记忆术。所谓记忆术，就是任何能让我们更容易地记住某种特定信息的简单技巧，这种技巧的形式多种多样：韵律、缩略词、心理意象等。

记忆术大师艾德·库克（Ed Cooke）说过："你要知道，只要运用得当，再普通的记忆能力也可以变得强大无比。"库克被"世界记忆比赛理事会"（World Memory Sports Council）（对，真的有这种协会）授予了"特技记忆大师"的称号，为此，他得演示并证明自己能做这三件事情：一小时内记住1000个随机的数字；一小时内记住10副扑克牌里所有牌的顺序；两分钟内记住一副扑克牌的顺序。这对我们普通人来说绝对是不可能完成的任务。库克毕生都在研究、应用惊人的记忆技巧，他之所以能完成以上三项不可能的任务，不是因为他有天生神力，而是因为他使用了自学的记忆术——你也能学会。

自从我们开始有记忆那天起，我们就已经掌握了一些记忆术。你小时候可能就学过不少，比如怎么记住某些历史事件的发生时间啊，怎么记住太阳系几大行星的名字啊，等等。我上小学的时候就学过一个小记忆术，是"永远别吃湿乎乎的维也纳香肠"，记住这句话是为了记住四个基本方位：北、东、南、西。①听上去很幼稚吧，没错——但是我永远都忘不了。现在四个方位我已经烂熟于心，永远忘不了这句话，我看指南针的时候脑海中就会自

---

① 译者注："北东南西"的英文是North、East、South、West，"永远别吃湿乎乎的维也纳香肠"的英文是"Never Eat Soggy Wieners"，这句话每个单词的首字母缩写与四个方向的首字母缩写是一样的，所以作者通过记住这句话就记住了四个方位的名称和缩写。

动蹦出这句话来。

不过作为一种辅助记忆的技巧，这句话的辅助效果还是非常好的，因为它意思简单，语法合理。更重要的是，这句话足够奇怪，我在日常生活中是不可能听到有人说这句话的。

神奇的怪诞效应

很多研究都清楚地表明，从记忆的角度来说，越奇怪的事物我们记得越牢固，或者可以说，最不可能的组合一般最能促进并保持信息的记忆。

比如这句话："千万别想象一只粉红色的大象。"你可以在脑海中想象出这个画面，一般对话中不会有人说这种话，这话是有点儿奇怪，我们几乎从来没跟粉红色的大象有过什么关系吧。这句话很大程度上会让你自动去做它不让你做的事情。在你接着看后面的内容的时候，甚至是你读完这本书很长时间之后，你很可能还记得："啊，这书里提到了粉红色的大象。"我们才不关心什么粉红色的大象，我们只是把它当个例子，来说明不常见的事物能帮助我们更好地记住事物。看到我在做什么了吗？我正在用一个记忆手段来让你记住"记忆手段"这回事。

2013年，德州农工大学的心理科学家丽莎·杰拉奇（Lisa Geraci）与她的同事发表了一项研究成果，说"怪诞效应"（Bizarreness Effect）是有据可查的，它指的是我们都有记住不寻常事物的倾向。正如他们所说："怪诞效应是记忆研究中一个极为合理的发现，它存在于许许多多的记忆加工任务和编码延迟过程之中。"

在研究怪诞效应的典型范例中，参与者要学习很多句子，其中既有很荒诞的，也有普普通通的，每个句子中都嵌入了用大写字母呈现的名词。随后，参与者被要求尽可能多地写出他们从句子中记住的名词。结果显示，参与者记住荒诞句子中的名词比记普通句子中的相同名词要牢固得多，比如参与者更容易回想起"**狗**沿着**路**骑**自行车**"，而不是所含相同名词的句子"**狗**沿着**路**追**自行车**"。类似地，像这样的句子"**烤箱**从**窗户**跳出去了，**饼干**尖叫起来"，就会让你花更多努力把句子中的每个词都联系起来，把每一个画面都想象出来；但是这样的句子就没有这种效果："通过**烤箱**的**窗户**能看到里面的**饼干**"。

杰拉奇等人所做的研究就是这样的类型。在其他类似的研究中，研究者一般都会给参与者一个混合了荒诞句子和普通句子的列表。但是杰拉奇把参与者分成了几组，有的参与者拿到的是混合两种句子的列表，有的拿到的列表是只有包含荒诞句子的，或者只有普通的句子。她发现，只有当参与者看到的是混合两种句子的列表时，荒诞句子能带来的记忆增强效应才会凸显；如果参与者需要记住的句子都是荒诞的，那么荒诞效应就根本发挥不了作用。想一想，道理的确是这样的——"怪诞效应"能起作用的原因之一，就是它与"普通"会形成强烈的反差。

但是，"怪诞效应"为什么会产生呢？这与我们的记忆天生"爱联想"有关。让我们仍然把记忆想象成大脑中一张巨大的记忆片段网络，"记忆术"的作用就是在这张网络上建立更多的联结，这样就把更多的信息联系了起来，加强了记忆。

举个例子，我们需要记住三个词：沙发、蓝色、凯文。如果我们能把这三个词跟尽可能多的事物联系起来，就能建立起一个很好的关于这三个词的记忆网络。建立"联想记忆网络"的同时再建立起多种感觉的记忆，不但能使记忆更牢固，而且能使这个记忆网络的存储时间尽可能地延长。好的，那么为了记住这几个词，我们可以想象沙发靠垫，把靠垫的颜色想象成明亮的蓝色，然后想象我们的朋友凯文正大声叫我们。如果还想加上点奇怪的事物来让记忆更牢固，我们可以想象凯文正坐在一张带霓虹光的巨型蓝色沙发上。

这样一来，我们就制造出了包含多种感官感觉的画面，大脑中参与记忆这个画面的部分，就比只记忆几个单词的部分要多多了。因为我们不仅仅用到了大脑中负责语言的区域，也激活了负责视觉、触觉、听觉的区域之间的联系。另外，根据2012年乔治亚理工学院的认知心理学家克里斯汀·莫里森（Kristin Morrison）与同事们所做的关于"想象对记忆回溯的作用"的研究评述，要想进一步提高记忆术的作用，"所想象的怪诞画面互动越多、越生动，这段记忆被清楚地回忆起来的可能性就越大"。所以，我们最好这样想，凯文正在愤怒地给他那巨型霓虹蓝沙发刷漆。互动很重要，它能在神经元之间建立更多的联结。

通往记忆的道路越多（有关联的联结越多），当我们有需要时，回忆起某段记忆的速度就越快，可能性就越大。这实际上是大多数记忆技巧的核心原则，我们得把事物放置在某一情境中，使它活灵活现，而又荒诞不同。这也就是为什么我小时候用的"永远别吃湿乎乎的维也纳香肠"这句话那么有效，它很奇怪，记起来也简单，一想起这句话，就会触发我对四个方位的记忆。

另一种非常受欢迎的记忆术是"记忆宫殿"（Memory Palace）。"记忆宫殿"也叫"轨迹记忆法"，就是利用一个我们已熟知的地方为依托，来建立各种联系。这种记忆术的典型特点，就是我们得首先清清楚楚地记住一个房子，也就是我们的"宫殿"，包括想象出非常具体的布局，以及每个房间都是怎样装饰的。然后，我们就把这一真实记忆当作储存其他记忆的"地方"，就像是建造出一个虚拟的记忆世界，然后在里面储存各种各样的真实记忆。当我们想象自己行走穿梭于这个虚拟的世界中时，我们就可以一边想着"我现在要把这个记忆放在这个地方"，一边把许多"事物"留在里面。

还是举例来说吧，我们可能需要记住要去商店买鸡蛋、黄油漆、三把油漆铲，那么，我们就可以想象自己走过一座记忆宫殿，把鸡蛋留在门前的门垫上；然后走进房间，找到我们左边正往下滴着油漆的墙；然后去客厅的路上，我们被躺在地上的三把油漆铲绊倒了。之后要回想起这些事物的时候，我们只需要再次穿过房子，沿路找它们之前被留下的地方就行了。

按照记忆术专家、作家乔书亚·福尔（Joshua Foer）的说法，要想记住我们把东西都放了什么地方，最理想的办法就是建造一个"滑稽的、超现实主义的、难忘的记忆宫殿"。这非常有用，因为这个办法正是利用了"怪诞效应"，而且把我们记忆中已有的概念（记忆宫殿）和我们想记住的新事物（购物清单）之间的联系最大化了。

相信你已经清楚地看到了，这些记忆术——以及那些声称能提高你记忆力的图书中推荐的记忆技巧——其优势都是对关联联想和怪诞效应的充分利用。现在，你也可以这样做了。向着荒诞的方向前进吧，你的记忆会因此感谢你的。

关于事实，我更喜欢我的版本

"你怎么受得了啊？"总会有人问我这个问题。就好像大家知道我无法信任自己的记忆之后，很疑惑我是如何一直没让自己感到绝望的。曾经有一次，我在本科生的课堂上第一次谈到这个话题之后，一个学生就跟我说："我已经不知道到底什么才是'真实'了！"

知道了记忆十分值得怀疑又怎样，就不能高高兴兴的吗？我劝你还是高兴点儿吧，我们现在已经不会被自己的记忆伤害了，因为我们对这么难以捉摸的加工过程至少有一点掌控能力了。一想到我们所有的记忆都被稍微甚至大幅度地篡改过，的确有点令人悲伤，但这也使我们在现实中具有了灵活的创造性。不管怎么说，记忆都是个人的、主观的。如果某一天我们惊奇地发现，人们对于同一件事情有多种解读或者不同的版本，却找不到任何证据能证明事实到底是什么，那么我们大可选择自己最喜欢的那个"事实版本"。我们都更喜欢自己那个版本的事实，而理解了记忆加工过程之后，我们就能按照自己的意愿来编织我们的生活，让自己和周围的人都最大限度地感受到幸福。这样我们就能从魔幻现实主义的角度来看待生活，就像是把现实分成一小块一小块的，标上代表颜色的序号，然后随心所欲地给现实生活画上我们喜欢的颜色。

理解了记忆的可塑性之后，我们也就能够防止那些营销手段——比如前面章节中讨论过的"先订阅后付费"的营销模式——利用我们的先天认知偏差赢取暴利。我们不再对自己的记忆能力过于自信，而是开始脚踏实地做出对自己更加有利的决定。对记忆吹毛求疵，我们就能更好地处理信息，并且成为更理智的消费者。

而且用布莱恩·威廉姆斯（Brian Williams）的话来说，了解自己的记忆之后，我们更能理解与朋友和家人的日常争论，甚至是与媒体的分歧。当初被怀疑撒谎的人，现在正被满怀同情的人们施予援手。人们可能会产生完全错误的记忆，误以为莫须有的事情是真的。尤其当某些记忆的版本与我们想象中的自己或我们希望成为的那个"自己"非常契合时，这些记忆就更有可能被我们"吸收"进来，被当作是自己过去的一部分。

还记得我们在第7章中谈到的那个名誉扫地的新闻主播布莱恩·威廉姆斯吗？他更喜欢的故事版本，应该是他乘坐的那架直升机被地面大规模杀伤性武器袭击，但当他的记忆出现了偏差时，他对待这段记忆肯定就不会那么严格谨慎了。虽然我们永远无法确信某个人是不是在对我们撒谎，但是现在我们至少能够意识到，这种情况也有可能是因为记忆出现偏差造成的。

我们已经了解到，记忆偏差也会出现在司法行为中，发生在受害者、目击者、嫌疑犯甚至警察的身上。这就使得我们在没有确凿证据的情况下，对任何人证词的可靠性、真实性保持谨慎的态度。就像世界上最有影响力的虚假记忆研究专家伊丽莎白·洛夫特斯（Elizabeth Loftus）在她2013年的TED演讲中说的那样，"大部分人都很珍视自己的记忆，知道记忆代表着自己的身份，代表着他们是谁，他们来自哪里。我很欣赏这一点，而且我也是这么认为的。同时，我从自己所从事的工作中了解到记忆包含了多少虚构的成分在其中。如果说从这么多年的研究中我学到了什么的话，那就是当一个人自信满满地告诉你一件事情，而且讲得头头是道，情节丰富，情绪强烈，也不能完全证明这件事情就真的发生了。"这些知识能够给司法系统带来革命性的改变，避免审判不公和冤假错案。

了解了记忆不可靠，我们就会想去探寻记忆为什么会出现各种问题，又会在什么时候出现问题。对我来说，在实验室里把记忆错觉研究清楚，然后把研究成果应用到警察、军队和商界的实际工作中去，这感觉就像是坐过山车一样刺激有趣。我希望你也能像我一样，在广阔的天地中探寻各种各样的方法，把记忆的潘多拉魔盒打开，让自己看到记忆过程有多么美妙，而不是像以前那样从来不去思考它的魅力。我们怎么记住的，我们为什么会记住，这是永远都说不完的话题。

最后，了解记忆系统所有的缺点可以让我们紧紧跟上一个全新的社会思潮，那就是我们的过去都是虚幻，我们唯一能够确信的只有当下；我们应该活在当下，不要太看重我们的过去。这种想法使我们不得不相信，**我们人生**

中和记忆中最好的时光，就是现在。

好了，我说完了。我希望你在这本书中学到的知识可以一直伴你前行，希望你可以让更多的人了解记忆错觉，希望你可以运用新见解来看待记忆，希望你可以因此让自己每一天的生活都更加美好。

致　谢

弗莱德，如果没有你，我不能成为一名学者。如果没有你，我恐怕第一年就退出，转行去学艺术了，也不可能写出这本书了。我爱你。

家人的支持让我得以完成了这本书。

妈妈，没有你，我就不会成为我今天所成为的女人。我爱你。

马克，没有你，我就不会成为我今天所成为的艺术家。我爱你。

奥米，没有你，我就不会成为我今天所成为的淑女。我爱你。

爸爸，没有你，我就不会成为我今天所成为的知识分子。我爱你。

朋友为我这本书的完成也给予了莫大的支持。

诺艾米·德莱克斯勒（Noemi Drecksler），约翰·盖思博（John Gaspar），安妮丽丝·弗莱德维尔特（Annelies Vredeveldt），玛拉·托本斯（Mara Toebbens），苏菲·凡·德·兹（Sophie van der Zee），乔迪·帕赞（Jodie Perzan），比安卡·贝克（Bianca Baker），你们的支持是我前进的动力。

我的学术导师们的帮助使这本书得以完成。

斯蒂夫·哈特（Steve Hart），如果不是您，我永远都不会学习司法心理学。

史蒂夫·波特（Steve Porter），如果不是您，我永远都不会研究虚假记忆。

雷·布（Ray Bull），如果不是您，我永远都不会对自己的智力那么有信心。

巴里·贝尔耶斯汀（Barry Beyerstein），如果不是您，我永远都不会成为一个怀疑论者。

伊丽莎白·洛夫特斯（Elizabeth Loftus），如果不是您，这世界上就不会有虚假记忆应用科学。

这本书的完成也少不了你们直接的帮助：

DGA的科斯蒂·麦克拉克伦（Kirsty McLachlan），谢谢你时常为我读《标准晚报》（*Evening Standard*），也谢谢你对我无条件的信任。

兰登书屋的哈里·思科博（Harry Scoble），谢谢你相信我的写作能力，也谢谢你数月以来的辛苦编辑。

DGA团队，谢谢你们对这本书的信任和坚持，谢谢你们在它出版之前就已经卖出了10国版权。

翰瑟出版社的克里斯汀·考斯（Christian Koth），谢谢你购买了这本书，让我知道这本书比我预想的更受欢迎，谢谢你。

图书在版编目（CIP）数据

记忆错觉：全新修订版 /（英）茱莉亚·肖著；李辛译. —北京：北京理工大学出版社，2020.9

书名原文：THE MEMORY ILLUSION

ISBN 978-7-5682-8562-9

Ⅰ.①记…　Ⅱ.①茱…　②李…　Ⅲ.①记忆术　Ⅳ.①B842.3

中国版本图书馆CIP数据核字（2020）第098104号

北京市版权局著作权合同登记号：图字01-2020-2931

THE MEMORY ILLUSION by DR. JULIA SHAW

Copyright: ©

This edition arranged with DAVID GODWIN ASSOCIATES LTD. (DGA LTD.)

through BIG APPLE AGENCY, INC., LABUAN, MALAYSIA.

Simplified Chinese edition copyright:

2020 Beijing Wisdom & Culture Co., Ltd.

All rights reserved.

出版发行 / 北京理工大学出版社有限责任公司

社　　　址 / 北京市海淀区中关村南大街 5 号

邮　　　编 / 100081

电　　　话 /（010）68914775（总编室）

　　　　　　（010）82562903（教材售后服务热线）

　　　　　　（010）68948351（其他图书服务热线）

网　　　址 / http：//www. bitpress. com. cn

经　　　销 / 全国各地新华书店

印　　　刷 / 天津光之彩印刷有限公司

开　　　本 / 710 毫米 × 1000 毫米　1/16

印　　　张 / 16　　　　　　　　　　　　　　　　　责任编辑 / 宋成成

字　　　数 / 200 千字　　　　　　　　　　　　　　文案编辑 / 宋成成

版　　　次 / 2020 年 9 月第 1 版　2020 年 9 月第 1 次印刷　　责任校对 / 周瑞红

定　　　价 / 49. 80 元　　　　　　　　　　　　　　责任印制 / 李志强

图书出现印装质量问题，请拨打售后服务热线，本社负责调换